추천사

★★★★★

이 책을 읽으면서 깜짝 놀랐다. 당연히 아마존 때문에 월마트가 고
전할 줄 알았는데 더 승승장구하고 있었기 때문이다. 새로운 수익
원을 발굴하고 배송을 혁신하고 인공지능으로 무장했다. 그들은 유
통 회사가 아닌 데이터 회사이고 스타트업처럼 운영된다는 것이다.
탐색혁신, 결제혁신, 배달혁신을 이뤘다는 얘기도 흥미로웠다. 만약
월마트의 노하우를 대한민국 유통에 접목한다면 어떤 일이 벌어질
까? 저자는 데이터 전문가다. 대기업에서 오랫동안 고객 기반 데이
터로 혁신을 만들어온 사람이다. 이 책이 정체에 빠진 한국 기업에
새로운 인사이트를 줄 것이라 믿어 의심치 않는다.

– 한근태, 한스컨설팅 대표

전통 대기업이 디지털과 인공지능의 파고를 어떻게 넘어설 것인가?
디지털 네이티브 기업을 어떻게 극복할 것인가? 지금 이 시대 경영

자들에게 던져진 가장 어려운 질문이다. 월마트는 그 질문에 답을 보여준 중요한 사례다. 이 책은 월마트가 어떻게 이 게임에서 승리했는지를 전략, 조직, 일하는 방식, 리더십 전환 등의 10가지 성공요인으로 해부한다. 핵심은 기술 그 자체가 아니다. 고객 경험의 재설계, 기존 역량 위에 인공지능을 비즈니스 모델로 결합한 통찰, 조직 전체가 변화를 작동시키는 적응형 리테일 전략이 핵심이다.

디지털과 인공지능 시대에 무엇을 혁신해야 할지 고민하는 모든 경영자와 리더에게 이 책을 권한다. 단순히 디지털 전환 사례서가 아니라 인공지능 시대 전통 기업의 생존 전략서라 할 수 있다.

– 신수정, 임팩트리더스아카데미 대표·『일의 격』『거인의 리더십』 저자

디지털 기술이 발달하면서 온라인쇼핑이 대세가 되고 오프라인 강자들이 무너지는 것이 일상이 되었다. 오프라인 기업들은 그 많은 자원과 역사를 가지고도 온라인 업체에 그냥 길을 내주어야 하는가? 이 책은 이 질문에 대한 답을 월마트의 혁신과 성장 전략을 통해 명쾌하게 제시하고 있다. 저자들은 30년 이상 국내외 유통업계에서 일해왔고 유통업에 관한 공부를 멈추지 않았다. 이러한 저자들이 월마트의 비즈니스 모델 혁신과 디지털 혁신이 오프라인 기업들이 온라인 기업들과의 경쟁에서 승리할 수 있는 비결임을 설파하고 있다. 새로운 사업전략을 모색하는 기업의 CEO와 임원들이 꼭 읽어보기를 권한다.

– 김용진, 서강대학교 경영학과 교수

이 책은 거대 오프라인 기업이 디지털 시대에 어떻게 경쟁력을 다시 확보해가는지를 월마트의 디지털 전환과 인공지능 전환을 통해 살펴본다. 고객, 서비스, 배송 등 유통 전반의 혁신을 위해서 데이터와 인공지능이 현장의 의사결정을 실제로 어떻게 바꾸었는지를 10개의 시선으로 설득력 있게 풀어낸다. 데이터 기반 전환을 고민하는 연구자, 실무자, 그리고 조직의 변화를 이끄는 리더에게 '어떤 데이터를 활용해 무엇을 개선할 것인가'를 구체적으로 참고할 수 있는 책으로 강력히 추천한다.

– 김용대, 한국인공지능학회 회장·서울대학교 통계학과 교수

글로벌 유통시장에서는 온라인에 늦게 대응한 탓에 밀려나는 줄 알았던 월마트가 부활하고 있어 화제다. 시대에 뒤처진 줄 알았던 거인이 되살아난 이유는 온라인 기능을 강화함과 동시에 오프라인 채널의 강점을 십분 활용한 옴니채널 전략이 주효했기 때문이다. '오프라인에 온라인을 효율적으로 덧붙인' 월마트의 실적 반등을 그려낸 이 책을 보면 국내 유통업체들도 현재 자신이 어떤 청사진을 그려야 할지 유추해볼 수 있을 것이다.

– 허영재, 한국체인스토어협회 상근부회장

월마트의 '디지털 역습'은 온라인이 오프라인을 대체하는 이야기가 아니다. 점포(오프라인)를 물류 허브로 재정의하고 옴니채널의 전진기지로 바꿔 아마존과 다른 규칙의 게임을 만든 성공 사례다. 이 책은 광고와 멤버십 같은 수익모델 전환, 매장 기반 초고속 배송, 생

성형 인공지능 쇼핑 비서와 증강현실AR을 활용한 가상 피팅 등 인공지능 혁신을 한 흐름으로 엮어 '유통기업의 플랫폼화'가 어떻게 현실이 되는지를 설득력 있게 보여준다. 기술이 아니라 고객 관점에서 출발한 변혁이 디지털 전환과 인공지능 전환의 성패를 가른다는 메시지를 담고 있다. 이 책은 국내 유통, 제조, IT 기업 모두에 강력한 실전 교과서가 될 것이다.

– 정연승, 단국대 경영대학원장·한국마케팅학회장·전 한국유통학회장

이 책은 디지털 전환과 인공지능 전환을 성공으로 이끄는 '리더십의 본질'을 꿰뚫고 있다. 기술 도입(What)을 넘어 보수적인 거대 조직을 혁신하는 '실천적 방법론(How)'을 생생하게 제시한다. 인공지능 시대의 성패 또한 결국 '사람'에게 있음을 일깨워주는 리더들의 필독서다.

– 김천수, 뉴욕한국문화원 원장

2006년부터 2008년까지 삼성전자 미국 CE영업 책임자로 월마트를 직접 담당했고 이후에는 비즈니스를 이어간 경험이 있다. 월마트는 변화와 혁신에서 항상 한발 앞서가는 조직 DNA가 남달랐다. 다른 오프라인 유통이 많은 어려움을 겪을 때도 월마트는 4,600개 매장을 물류센터로 바꾸고 광고 사업으로 수익구조를 뒤집으면서 오히려 더 강해졌다. 차이가 뭘까? 월마트는 매장을 '짐'으로 보지 않고 '무기'로 봤다. 인공지능 전환 시대에 이 책은 이론이 아니라 실전 해답을 보여준다. 공룡은 멸종하지 않고 인공지능과 디지털로

진화에 성공했다. 저자가 전하는 생생한 월마트의 이야기는 한국 기업인들에게 많은 인사이트를 제공한다.

– 박재순, 쿠첸 대표이사 부회장·전 삼성전자 부사장

아마존이 소매의 미래를 '발명'했다면 월마트는 이제 인공지능 무기로 소매를 '재창조'하고 있다. 매장을 첨단 물류 거점으로 탈바꿈하고 데이터로 고객의 마음을 읽어낸 월마트의 옴니채널 전략은 매우 경이롭다. 유통의 본질을 지키면서도 기술로 고객 경험을 혁신하려는 모든 이에게 이 책을 강력히 추천한다.

– 박종화, 온누리 H&C 대표이사

현재의 사업에 새로운 기술을 접목하면 경쟁력 있는 사업으로 변신한다. 아무리 뛰어난 기술도 비즈니스 모델로 치환되지 않으면 가치를 발휘할 수 없다. 그런 의미에서 최근 월마트의 행보는 전 세계 비즈니스 리더들에게 커다란 충격을 주었다. 53년간 지켜온 뉴욕 증권거래소를 떠나 기술주 중심의 나스닥으로 향하며 스스로 '기술 기업'임을 전 세계에 선언했기 때문이다.

이 책은 월마트가 오픈AI와 손잡고 어떻게 생성형 인공지능 쇼핑 비서를 만들었는지, 또 제미나이와 별도 제휴를 맺어 어떻게 고객 경험을 확장하려고 하는지, 광고와 멤버십 데이터만으로 어떻게 영업이익 증가분의 절반 이상을 창출하는 '플랫폼 기업'으로 진화했는지 그 구체적인 메커니즘을 상세히 소개한다.

저자가 삼성, CJ, LG 등 국내 최고의 IT 및 유통 현장에서 축적한 '성

공 DNA'를 바탕으로 풀어낸 월마트의 인공지능 전환 전략은 기술을 통해 비즈니스를 재창조하고자 하는 모든 리더에게 짜릿한 영감을 줄 것이다. 인공지능 시대의 거센 파도에서 살아남는 비즈니스의 미래를 설계하고 있다면 이 책에서 그 나침반을 찾을 것이다.

– 이경배, 연세대학교 겸임교수·전 CJ올리브네트웍스 대표이사

이 책은 멸종 위기를 극복한 공룡의 이야기이자 밀도 높은 인공지능 시대 생존 참고서다. 월마트의 성공 신화는 남의 일이 아니다. 인공지능 시대에 경쟁사를 압도하며 앞서가고 싶다면 필히 정독을 권한다.

– 안재광, SBI인베스트먼트 대표이사 사장

아마존을 넘어서다
Beyond Amazon

아마존을 넘어서다
Beyond Amazon

오프라인 황제 **월마트**의
AX DX 전략 바이블

윤미정 손대홍 지음

오프라인 공룡의 디지털 역습이 시작됐다

2023년 봄 국내 유통업계는 충격에 빠졌다. 이마트가 쿠팡에 매출과 영업이익에서 추월당했다는 뉴스 때문이었다. 더 많은 자산, 더 많은 인재, 더 긴 역사를 가진 대기업이 디지털 네이티브Digital Native 스타트업에 주도권을 내줬다. 그리고 2년이 지난 지금 그 격차는 더욱 벌어지고 있다. 쿠팡은 국내 이커머스(전자상거래) 시장을 장악했고 전통 유통기업들은 생존을 고민하는 지경에 이르렀다.

같은 시각 미국에서는 오프라인 공룡의 놀라운 역습이 펼쳐지고 있었다. 아마존의 거센 성장 앞에서 누구나 곧 무너질 것으로 예측했던 월마트. 그러나 월마트는 무너지지 않았다. 오히려 디지털 무기로 무장하며 더 강력해졌다.

그럼 월마트는 아마존을 어떻게 이겼을까? 2024 회계연도 기준 월마트 매출은 6,810억 달러로 아마존의 6,380억 달러를 앞섰다. 여전히 세계 1위다. 더 놀라운 건 이커머스 성장세다. 월마트의 글로벌 이커머스 매출은 2025 회계연도 3분기에 27% 성장했고 미국 이커머스 매출은 28% 성장하며 7분기 연속 20% 이상 성장을 기록했다. 2024년 미국 이커머스 시장 점유율은 6.7%로 아마존에 이어 2위 이커머스 업체다. 월마트는 일부 분기에 아마존에 역전을 허용했다. 두 기업의 매출 격차는 좁혀지고 있다. 중요한 건 월마트가 리테일(소매)만 하는 기업이 아니라는 점이다. 게임의 규칙 자체를 바꿔버린 것이다.

공룡은 어떻게 디지털 무기를 손에 넣었을까? 첫 번째 무기는 수익 모델의 전환이다. 월마트는 더 이상 물건을 팔아서 먹고사는 회사가 아니다. 광고와 멤버십 수익이 2024 회계연도 4분기 전체 영업이익의 4분의 1 이상을 차지했다. 2025 회계연도 3분기에는 영업이익 증가분의 절반 이상이 이 두 부문에서 나왔다. 월마트의 광고 플랫폼 월마트 커넥트는 2024년 글로벌 광고 매출 44억 달러를 기록하며 27% 성장했다. 아마존 광고에 이어 미국 2위 리테일미디어 네트워크다. 유료 멤버십 월마트 플러스는 출시 4년 만에 폭발적으로 성장하며 이커머스 성장의 핵심 동력이 되었다. 상품판매 마진으로 버티던 오프라인 공룡이 광고와 데이터로 고마진 수익을 내는 디지털 플랫폼 기업으로 탈바꿈한 것이다.

두 번째 무기는 매장의 재무장이다. 전국 4,600여 개 매장을 초고속 물류센터로 바꿨다. 미국 인구의 90%가 월마트 매장에서 10마일(16킬로미터) 이내에 살고 있다. 이를 활용해 2시간 배송, 당일 배송을 실현했다. 중국 샘스클럽은 1시간 배송 서비스를 제공하고 있다. 월마트가 인수한 인도 플립카트Flipkart는 10분 배송을 목표로 하며 최고 기록은 3분이다. 아마존이 수조 원을 들여 지은 물류센터를 월마트는 이미 가지고 있었다. 오프라인의 약점이 오히려 최강의 무기가 되었다.

세 번째 무기는 인공지능의 힘이다. 오픈AI와 손잡고 만든 '생성형 인공지능 쇼핑 비서'는 단순 검색을 넘어 고객 의도를 예측한다. "아이 생일파티 준비"라고 입력하면 케이크, 초대장, 풍선, 접시까지 한 번에 추천한다. 증강현실AR을 활용한 가상 피팅룸에서는 내 모습에 옷을 직접 입혀볼 수 있다. 이런 인공지능 기반의 디지털 혁신은 글로벌 혁신의 엔진이 되고 있다. 플립카트는 2024년 빅 빌리언 데이즈Big Billion Days 기간에 역대 최대 거래액을 기록했다. 중국 샘스클럽은 디지털 혁신으로 회원 수 860만 명을 돌파하며 매장당 매출 세계 1위를 찍었다. 공룡의 역습에서 답을 찾아보자.

이 책은 월마트가 위기를 기회로 바꾼 10가지 성공 요인을 추적한다. 옴니채널 전략, 배송 혁신, 유료 멤버십, 데이터와 인공지능, 플랫폼 비즈니스, 일하는 방식의 혁신, 그리고 리더십까지. 공룡의 역습에서 답을 찾아보자.

이 글을 읽는 독자가 유통업에 있든, 제조업에 있든, IT 기업에 있든 상관없다. 월마트의 전략은 디지털 전환과 인공지능 전환을 고민하는 모든 기업의 교과서다. 아마존이 소매의 미래를 '발명'했다면 월마트는 지금 소매를 '재창조'하고 있다. 오프라인 공룡은 죽지 않았다. 디지털과 인공지능 무기로 무장하고 더 강력하게 돌아왔다. 이 책이 급변하는 인공지능 전환의 길목에서 길을 찾는 기업과 리더들에게 반드시 나아가야 할 길을 비춰주는 나침반이 되기를 바란다.

서래마을 마그넷 사무실에서

윤미정

월마트의 변화와 혁신은 상상 이상이다

월마트의 변화와 혁신을 주제로 책을 쓰고 출판을 기다리던 중 상상하지 못했던 또 다른 변화에 대한 뉴스를 접하게 되었다. 하나는 53년간 뉴욕증권거래소에 상장되어 있던 월마트가 벤처기업들이 모여 있는 기술주 중심의 나스닥으로 옮긴다는 것이다. 세계 최대 오프라인 소매기업이었던 월마트가 인공지능 및 이커머스 기업으로 진화하겠다는 선언이라고 할 수 있다. 기술 기반의 옴니채널 소매기업으로서 혁신과 성장을 더욱 가속하겠다는 월마트의 확고한 의지가 담겨 있다.

전통적인 소매업을 넘어 자동화, 인공지능, 디지털 광고를 활용하여 기술, 데이터 기반 의사결정에 집중하며 변화와 혁신을 지속해갈 것을 선언한 것은 정말 월마트의 업무 혁신만큼 혁신적인 결정이 아닌가 싶다.

또 하나는 지난 10여 년간 월마트의 변화와 혁신을 이끌어온

CEO 더그 맥밀런이 2026년 1월 은퇴를 발표하며 시간제 직원으로 시작해 월마트에서 30년 이상을 근무해온 존 퍼너John Furner에게 자신의 자리를 물려주기로 한 것이다. 더그 맥밀런은 월마트가 매우 양호한 상태인 지금이 경영권을 넘겨주기에 이상적인 시기라며 후임자인 존 퍼너가 월마트의 인공지능 발전과 함께 미래를 이끌어갈 적임자라고 발표했다. 아직 59세의 CEO가 최고의 경영 성과를 거두고도 유능한 후임자에게 자리를 물려주고 스스로 떠난다는 것 또한 월마트의 파격적인 변화이자 혁신이 아닐까 싶다.

매장 판매상품의 60% 이상이 중국에서 수입되고 있어 향후 미국 정부의 관세정책 변화와 이에 따른 인플레이션 등으로 여러 어려움이 예상된다. 하지만 월마트의 변화와 혁신은 멈추지 않을 것으로 보인다.

한국의 소매시장은 2024년에 온라인 시장 규모가 오프라인을 추월했다. 그리고 많은 소매기업의 온라인 사업 확대는 기대에 미치지 못하고 있다. 월마트는 온라인 소매기업인 아마존의 성장 속에서 무조건 온라인 사업의 확장만을 계획하지 않았다. 오프라인 소매사업을 온라인 사업을 위한 무기로 활용했다. 많은 오프라인 소매기업은 혁신을 통해 온라인과 오프라인을 상대적인 단어가 아니라 상호보완적 관계로서 새로운 경쟁력으로 만든 월마트의 변화를 들여다볼 필요가 있을 것이다.

처음 이 책의 집필을 제안받고 망설였으나 35년간을 유통업계에 몸담으며 한국, 중국, 일본, 미국의 유통환경에서 일해본 경험과 미국에 거주하며 일상에서 월마트와 아마존을 대했던 생활의 경험을 돌아보며 공동 집필 참여에 용기를 낼 수 있었다.

브랜딩 전문가이자 소매업에 대한 뛰어난 직관으로 월마트의 변화와 혁신을 글로 옮길 수 있게 해준 공동저자 ㈜더마그넷 윤미정 대표께 커다란 감사의 마음을 전한다. 이 책이 업계 종사자, 특히 유통업계의 많은 이들에게 작은 도움이 되길 바란다.

미국 뉴저지에서
손대홍

월마트, 매장을 디지털 시대의 무기로 만들다

전 세계적으로 소매업은 오프라인에서 온라인으로 비중이 옮겨가고 있다. 특히 2020년부터 2023년까지 지속됐던 코로나19 팬데믹이라는 초유의 상황은 온라인으로 전환하는 속도를 폭발적으로 높이는 계기가 됐다고 할 수 있다. 우리나라는 2024년을 기준으로 온라인 소매업이 오프라인을 넘어섰다. 쿠팡과 네이버의 스마트스토어 중심의 이머커스 시장으로 재편되며 대형마트와 백화점 등 전통 유통 강자들이 매출과 이익 하락이라는 직격탄을 맞고 있다. 세계 최대 소비시장인 미국도 예외가 아니어서 전통적인 소매업체의 실적 부진 소식이 끊이지 않고 있다. 하지만 이런 시기에 온라인 소매업의 최고 강자인 아마존이 아직도 넘어서지 못하는 오프라인 소매업의 강자가 있다. 바로 월마트다.

2025년 초 월마트 연례 투자 커뮤니티 회의에서 세스 델레어_{Seth Dallaire} 최고성장책임자_{CGO}는 월마트의 이커머스 사업이 처음으로

미국 소매업 랭킹과 식품소매업 랭킹 톱 15 (2024년)

순위	업체명	2024년 매출 (미국, 억 달러)	전년 대비 성장률	2024년 매출 (글로벌, 억 달러)	글로벌 매출 대비 미국 매출
1	월마트	5,687.0	7%	6,755.8	84%
2	아마존	2,736.6	9%	3,914.0	70%
3	코스트코	1,830.5	4%	2,448.9	75%
4	크로거	1,507.9	2%	1,507.9	100%
5	홈디포	1,482.1	5%	1,575.7	94%
6	CVS헬스	1,245.0	7%	1,249.5	100%
7	월그린	1,103.8	5%	1,239.6	89%
8	타깃	1,067.3	1%	1,067.3	100%
9	로우즈	815.0	−3%	815.0	100%
10	앨버트슨	795.7	2%	795.7	100%
11	아이튠즈 스토어	71.09	3%	82.03	87%
12	퍼블릭스	59.74	5%	59.74	100%
13	아홀드 델레이즈	59.20	0%	97.36	61%
14	알디	54.16	14%	155.13	35%
15	TJX컴퍼니즈	43.56	4%	56.50	77%

(출처: 스태티스타)

수익을 낼 것이라고 밝혔다. 더그 맥밀런Doug Mcmillon이 2014년 월마트 CEO로 취임하며 추진한 디지털 전환이 10년간의 여정을 지나 드디어 결실을 보기 시작했다는 의미였다.

아마존의 매출은 2015년에 월마트의 3분의 1에도 미치지 못했다. 하지만 이 시점부터 월마트는 아마존의 급속한 성장을 위협으로 느끼며 디지털 전환을 본격적으로 추진했다. 월마트의 이커머스는 2020년 코로나19 팬데믹으로 소매업의 온라인 전환율이 급증하기 시작했던 시점부터 그동안 준비해온 디지털 전환에 힘입어 급성장하고 있다. 월마트 매장들은 미국 전체 가구의 90%가 월

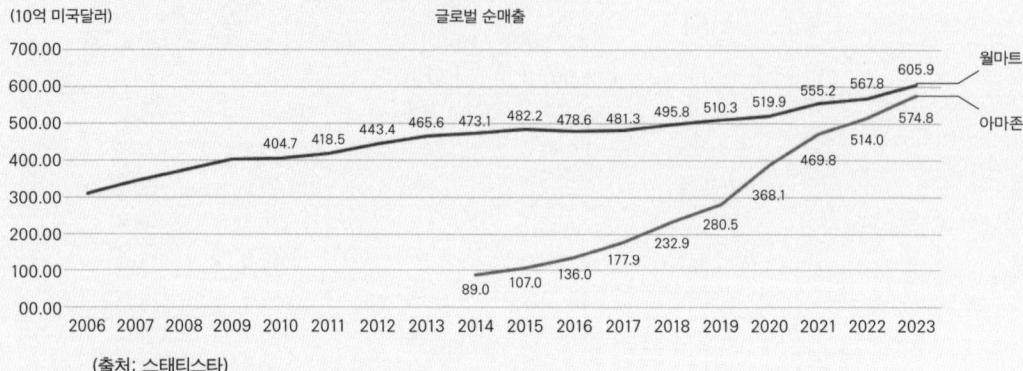

월마트와 아마존의 글로벌 매출 추이

(10억 미국달러)   글로벌 순매출

(출처: 스태티스타)

마트 매장 반경 10마일(16킬로미터) 이내에 있다는 것을 강점으로 이커머스와의 옴니채널과 배송 혁신을 적극적으로 추진하며 매출과 이익 모두 계속 증가하고 있다. 많은 소매업체가 부진한 가운데 월마트 주가는 코로나19 이후 오히려 급상승했다. 월마트 주가는 2020년 1월 코로나19 시작 시점의 주가지수를 100으로 환산 시 2024년 12월 기준 아마존 주가 218보다 높은 237을 기록했다.

월마트는 2015년부터 디지털 전환과 고객 경험 혁신을 위해 전사적인 공급망, 백엔드 시스템, 일하는 방식, 수익 모델까지 혁신에 혁신을 거듭했다. 그 결과 월마트는 2024년 말 기준으로 글로벌 전체에서 이커머스 매출 비중을 18%까지 높였다. 북미에서는 2019년 4.7%, 2021년 11.6%, 2024년 말 20%까지 이커머스 매출 비중을 높여왔다.

이커머스의 성장, 옴니채널의 성공, 고객 참여형 마케팅 운영, 디

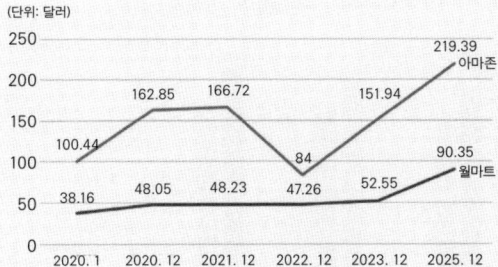

월마트와 아마존 주가 추이

(단위: 달러)

아마존: 100.44, 162.85, 166.72, 84, 151.94, 219.39

월마트: 38.16, 48.05, 48.23, 47.26, 52.55, 90.35

2020. 1 / 2020. 12 / 2021. 12 / 2022. 12 / 2023. 12 / 2025. 12

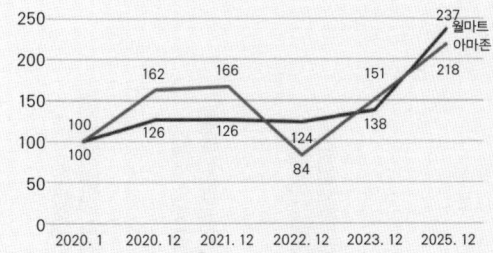

월마트와 아마존 주가 지수 추이

(2020. 1. = 100)

월마트: 100, 126, 126, 84, 138, 237

아마존: 100, 162, 166, 124, 151, 218

2020. 1 / 2020. 12 / 2021. 12 / 2022. 12 / 2023. 12 / 2025. 12

지털 수익 모델 추가 등의 결과로 월마트 매출은 꾸준히 증가하고 있다. 월마트는 오프라인 기업에서 탈피해 오프라인과 온라인의 강점을 결합한 '옴니채널 사업자'로서 성장과 수익을 모두 지키고 있다.

영업 이익률은 2020년과 2022년에 약간 감소했지만 2023년과 2024년은 이전의 감소 폭과 대비해 높은 증가율을 보이고 있다. 북미 지역의 일부 오프라인 소매기업들이 파산하거나 부진한 점포를 축소하고 있는 것과는 매우 대비되는 실적이다.

이에 힘입어 월마트는 2025 회계연도(2024년 2월~2025년 1월) 기준 전 세계 소매기업 중 1위를 기록했다. 영업이익 역시 전년 대비 8.65%가 증가해 293억 달러(42조 4,850억 원)로 전 세계 소매기업 중 1위를 차지했다. 월마트의 시가총액은 2025년 4월 기준 7,440억 달러(1,078조 8,000억 원)에 달한다. 매출은 전 세계 1위다. 월마트는 『포춘』이 선정하는 500대 기업 리스트에서 12년 연속 1위를 차지했으며 1995년 이후 30년간 20번이나 1위를 차지했다.

월마트의 쇼핑 유형별 매출

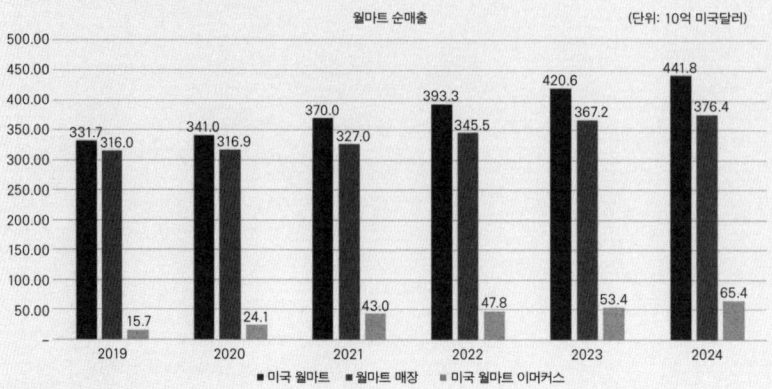

월마트 순매출 (단위: 10억 미국달러)

	2019	2020	2021	2022	2023	2024
미국 월마트	331.7	341.0	370.0	393.3	420.6	441.8
월마트 매장	316.0	316.9	327.0	345.5	367.2	376.4
미국 월마트 이머커스	15.7	24.1	43.0	47.8	53.4	65.4

(출처: 스태티스타)

월마트와 아마존의 글로벌 매출, 이익, 시장 가치 순위 (2023년 기준)

(단위 10억 원, 1,435원 환산)	매출		이익(세전)		시장 가치	
	총액	순위	총액	순위	총액	순위
월마트	916,649	1	37,066	35	747,735	16
아마존	795,019	2	37,410	34	2,758,214	5

(출처: 스태티스타)

월마트는 2024년 전 세계 최첨단 기술을 선보이는 국제전자제품박람회CES에서 CEO 더그 맥밀란이 '인공지능 전환'이라는 화두를 가지고 기조연설을 한 인공지능 전환 선도기업이기도 하다. 전통 소매업의 상징이었던 미국의 3대 백화점이 모두 몰락했음에도 여전히 건재해 성장하는 월마트는 과연 어떻게 디지털 전환과 인공지능 전환에 성공할 수 있었을까? 이 책은 월마트의 성공 비결을 10가지로 분석하고 있다. 옴니채널 전략, 하이브리드 매장, 배송 혁신, 고객 록인, 고객 참여, 데이터와 인공지능, 플랫폼 비즈니스, 일하는 방식 혁신, 리더십, 인공지능 혁신이 그 비결이다.

월마트는 고객 관점에서부터 고객에게 직접 보이지 않는 데이터 처리, 매장 관리, 재무, 물류와 같은 백엔드 업무까지 기업의 전체 가치사슬에서 디지털 전환을 추진해왔다. 월마트의 디지털 전환이 기술의 도입에서 멈추지 않고 회사 업무 영역 전반에 걸쳐 성공한 비결을 하나씩 살펴보려고 한다. 디지털 전환과 인공지능 전환을 추진 중인 기업들이 월마트의 10가지 성공 비결을 내부 전략과 역량을 점검하는 체크리스트로 활용하고 창의적으로 벤치마킹할 수 있기를 기대한다.

목차

[1부] 인공지능 전환

[성공 비결 1]

적응형 리테일
: 기술과 인간의 조화로 진화하다 • 025

[성공 비결 2]

데이터와 인공지능
: 디지털 전환의 엔진이다 • 045

[성공 비결 3]

플랫폼 비즈니스
: 광고와 데이터로 수익을 창출하다 • 071

[2부] 조직 혁신

[성공 비결 4]

리더십
: CEO, 현장에서 변화를 이끌다 • 089

[3부] 고객 경험 혁신

[4부] 고객 충성도 혁신

인공지능 전환

성공 비결 1
적응형 리테일
: 기술과 인간의 조화로 진화하다

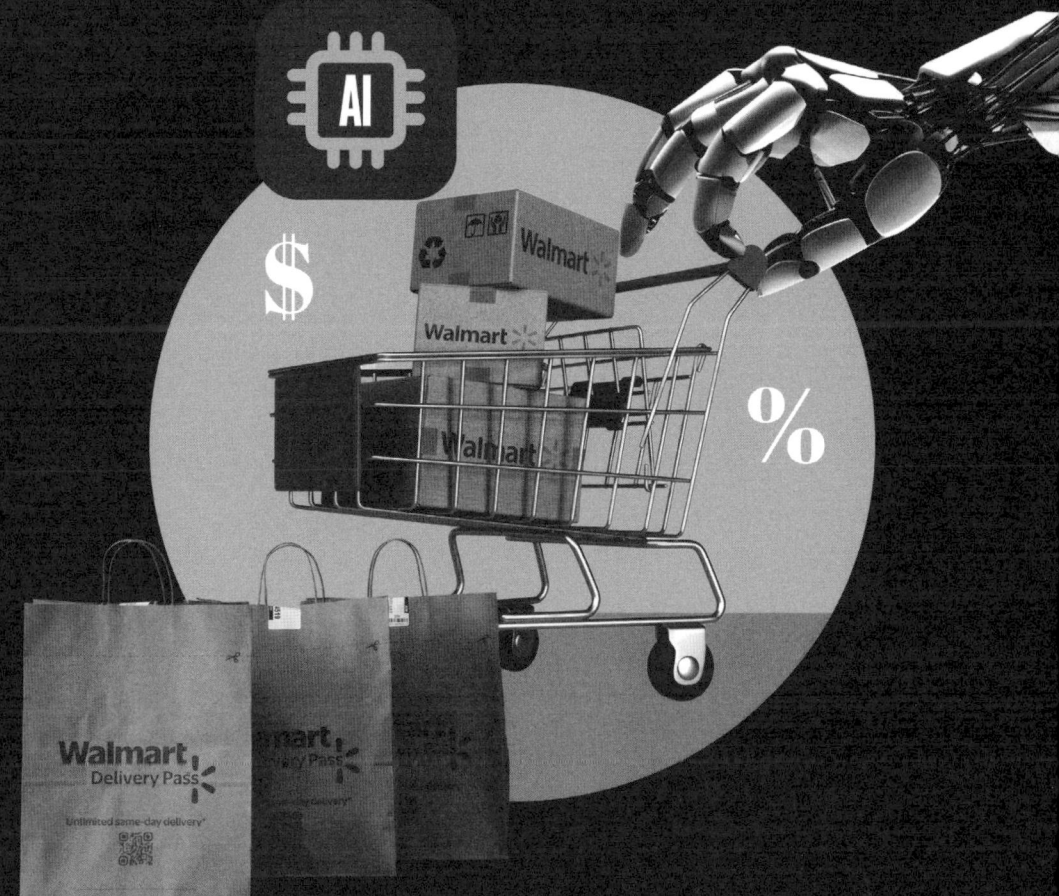

이제 유통기업이 아니라 기술기업으로 간다

●●●●●

2024년 국제전자제품박람회CES의 주인공은 인공지능 전환에 성공한 월마트였다. 소매기업 CEO로는 최초로 월마트 CEO 더그 맥밀런이 개막식 기조연설자로 나섰다. 맥밀런은 인공지능을 통한 유통 혁신을 이야기하며 "월마트는 이제 더 이상 유통기업이 아니라 기술기업"이라고 선언했다. 그리고 온라인과 오프라인을 통합한 옴니채널 전략의 다음 단계이자 월마트의 미래 비전으로서 '적응형 리테일Adaptive Retail'이라는 개념을 제시했다.

월마트는 이미 2023년부터 인공지능과 생성형 인공지능을 적극 도입해 고객 경험을 새롭게 혁신하고 있다. 월마트 글로벌 최고기술책임자 수레시 쿠마르Suresh Kumar는 "제품을 발견하고 구매하고 수령하는 전체 쇼핑 여정에서 고객들에게 온라인과 오프라인의 구분은 더 이상 의미가 없다."라고 말하며 "고객이 온라인과 오프라인의 구분 없이 월마트의 어떤 채널을 이용하든, 쇼핑의 어떤 단계에 있든 최상의 경험을 제공해야 한다."라고 설명했다. 한마디로 적응형 리테일은 "고객의 제품 발견·구매·수령·반품에 이르는 전 과정이 오프라인·온라인·모바일·가상환경에서 마찰 없이 유기적으로 연결되는 차세대 소매 모델"이다. 적응형 리테일을 실현하려면 인공지능과 생성형 인공지능 등 첨단 기술을 활용하여 전사적 가치사슬을 혁신해야 한다. 수레시 쿠마르는 월마트가 첨단 기술 도입을 통해 추진하는 혁신의 방향을 3가지로 설명한다.

첫째, 탐색 혁신이다. 월마트는 고객의 상품 검색과 추천 시스템의 고도화에 집중했다. 이유는 고객이 쇼핑에 소비하는 시간과 노력을 줄이기 위함이다. 맥밀런은 기조연설에서 월마트의 인공지능 챗봇을 소개하며 "인공지능 챗봇을 활용하면 온라인 쇼핑 과정에서 느끼는 피로감을 획기적으로 줄일 수 있다."라고 말했다. 월마트의 인공지능 챗봇은 고객이 구매 목적을 말하면 관련 상품과 정보를 한 번에 제공해 쇼핑에 드는 시간과 노력을 대폭 줄여준다는 점을 강조했다.

둘째, 결제 혁신이다. 다양한 결제 옵션을 제공하고 결제 편의성을 개선했다. 디지털 멤버십을 도입하고 샘스클럽 캐시를 통해 결제를 통합했다. 또한 스캔앤고와 샘스클럽 무인 출구 시스템을 활용해 온라인 쇼핑을 하듯 오프라인 고객의 쇼핑 편의성을 개선하고 결제 대기 시간을 획기적으로 줄였다.

셋째, 물류 혁신이다. 월마트는 지능형 물류 네트워크를 구축해 1,000억 개 이상의 물품 관리를 자동화하고 글로벌 공급망을 최적화했다. 또한 지능형 물류 시스템을 구축해 유통 및 창고 자동화, 운송 및 배송 기능 극대화를 추진했다. 이를 통해 고객의 상황과 구매 상품의 맥락에 맞는 10가지 배송 방식을 도입했다. 이러한 다각화를 통해 온·오프라인 경계를 허물고 고객이 어디에서든 가장 편리한 방식으로 상품을 배송받을 수 있게 했다. 물류 혁신을 새로운 영역으로 확대하기 위해 드론 배송 서비스를 가장 먼저 도입하고 윙Wing, 집라인Zipline과 협력해 7개 주에서 37개 드론 배송 허브를 운영했다. 2024년 기준 2만 건의 드론 배송 실적을 기록했으며 현재 월마트에서 판매하는 전체 상품의 75%가 드론 배송이 가능하다.

이러한 월마트의 혁신은 인간 중심의 미래를 지향하는 총체적 변화를 보여준다. 맥밀런의 "우리는 모두 인간 중심의 미래를 선택할 수 있다."라는 말은 월마트의 디지털 혁신과 인공지능 혁신이 궁극적으로 지향하는 바를 잘 보여준다.

인공지능을 활용해 개인화된 쇼핑 경험을 구현했다
●●●●●

월마트는 쇼핑의 모든 단계에서 고객 경험을 혁신하기 위해 인공지능과 생성형 인공지능을 적극 활용하고 있다. 월마트가 온라인 쇼핑에서 중점을 두는 것은 개인화된 쇼핑 경험을 제공하는 것

월마트의 가상 착용 서비스 버추얼 트라이온

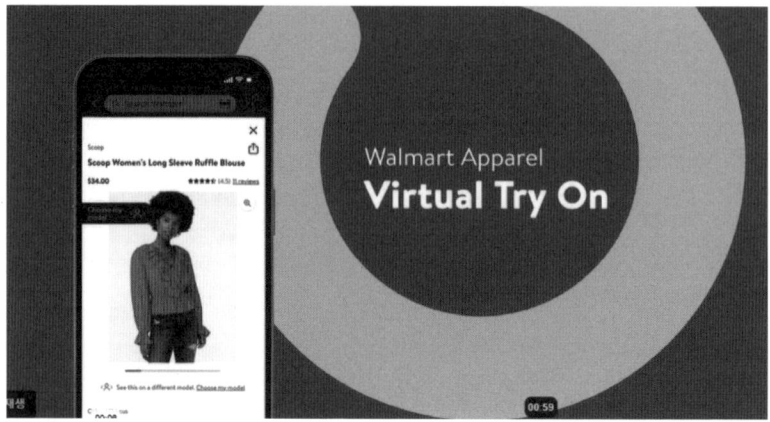

(출처: 월마트 홈페이지)

이다. 현재 3가지 서비스를 통해 이를 구현하고 있다.

첫째, 인공지능 기반의 개인화된 홈페이지다. 월마트닷컴의 인공지능은 고객의 쇼핑 데이터를 종합적으로 분석해 고객에게 개인화된 쇼핑 경험을 제공한다. 고객의 과거 구매 이력, 검색 기록 장바구니 패턴, 관심 상품 등을 분석해 상품을 추천한다. 예를 들어 이전에 보드게임을 검색한 고객에게는 관련 할인 정보나 신작 게임, 선물 아이디어를 자동으로 추천하는 방식이다. 멕시코에서는 생성형 인공지능을 활용한 개인화 추천 시스템을 도입해 상품 추천의 범위를 확대하고 있다.

둘째, 생성형 인공지능 기반의 쇼핑 비서다. 이 대화형 쇼핑 비서는 사람처럼 자연스럽게 대화하며 고객이 원하는 상품을 찾아준다. "5살 남자아이에게 좋은 선물이 뭘까요?"라는 질문에 카테고리를 넘나들며 스웨터, 책, 축구공 등 다양하게 추천한다. 기존의 키워드 기반 검색으로는 발견하기 어려웠던 상품들을 추천받을 수 있게 된 것이다. 이러한 질의응답과 제품 추천 외에도 레시피를 추천하거나 쇼핑 목록까지 만들어준다. 또한 주문 조회나 반품 처리 같은 실질적인 업무도 수행한다. 생성형 인공지능 쇼핑 비서를 통해 고객 지원 절차가 더 효율적이고 빨라졌다.

셋째, 증강현실AR을 활용한 가상 착용 기술Virtual Try-On이다. 가상 착용 기술은 증강현실, 컴퓨터 비전, 생성형 인공지능을 결합한 기술로 고객이 월마트 앱에 자신의 사진을 올려 가상으로 옷을 입혀볼 수 있다. 고객이 실제로 옷을 입었을 때 자신의 체형과 피부색에 어울릴지 확인할 수 있어 온라인 쇼핑의 불확실성을 해결할 수 있다. 월마트는 2022년 9월 가상 착용 기술을 출시해 2024년에는 뷰티 카테고리 등으로 확장하고 있다.[1]

가상 착용 기술로 온라인 쇼핑의 불확실성을 해결했다

●●●●●

월마트는 2022년 9월 온라인 의류 쇼핑의 게임 체인저가 될 가상 착용 기술을 도입했다(출시 때 서비스명은 '당신 스스로 모델이 되세요.'라는 뜻의 "비 유어 온 모델Be Your Own Model"이었으나 가상 착용 기술이라는 뜻의 "버추얼 트라이온Virtual Try-On"으로 서비스명을 변경했다). 가상 착용 기술 스타트업 지킷Zeekit을 인수해 오프라인 피팅룸의 경험을 온라인으로 가져오는 서비스를 개발했다.

월마트는 서비스 출시 시점에 이미 27만 개 이상의 의류 상품에 가상 착용 기술을 적용했다. 프리 어셈블리Free Assembly, 스쿱Scoop, 소피아 진스Sofia Jeans 등 월마트의 자체 브랜드PB는 물론 챔피언 Champion, 라바이스Levi's, 헤인즈Hanes 등 일부 내셔널 브랜드NB 상품과 월마트 마켓플레이스 상품도 이 서비스를 이용할 수 있게 했다.

가상 착용이 가능한 상품 페이지에는 '시착하기Try It On' 버튼이 표시된다. 고객은 자신 또는 다른 모델 중에 선택해서 가상 착용을 해볼 수 있다. 자신을 모델로 하려면 월마트 모바일 앱에서 자신의 사진을 찍어 저장하면 된다. 한 번 사진을 저장해두면 이후 자신을 모델로 가상 착용을 해볼 수 있다.

월마트의 시뮬레이션 기술은 놀라울 정도로 정교하다. 기존 가상 착용 기술은 옷 사진을 사용자 이미지 위에 겹쳐 보여주는 수준에 불과했다. 그러나 월마트의 가상 착용 기술은 실제 옷을 입은 것처럼 자연스러운 결과물을 보여준다. 그림자 효과, 옷감의 주름, 체형에 따른 옷의 실제 착용감까지 정교하게 구현한다.

이러한 정교한 시뮬레이션은 지형도 제작에 사용되던 알고리즘과 머신러닝 모델을 활용했다. 예를 들어 하나의 셔츠가 6가지 색상, 7가지 사이즈, 2가지 소매 길이로 제공된다면 인공지능은 이 모든 변형을 개인의 체형에 맞춰 자연스럽게 보여준다.

월마트의 의류 사업 부문 부사장 데니스 인칸델라Denise Incandela 는 "고객의 주머니 속에 있는 스마트폰이 가장 크고 가까운 매장"

자신을 모델로 가상 착용을 한 사례

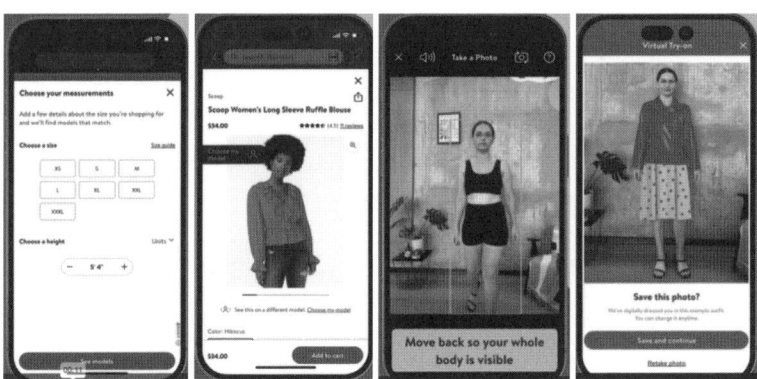

(출처: 월마트 홈페이지)

이라며 버추얼 트라이온 서비스가 온라인 의류 쇼핑을 더욱 매력적이며 개인화된 경험으로 만들어줄 것이라고 강조했다.

이처럼 월마트의 인공지능 기술은 실제 쇼핑 경험을 획기적으로 개선하는 방향으로 진화하고 있다. 특히 온라인 의류 쇼핑의 가장 큰 단점인 '실제로 입어보지 못하는' 불확실한 문제를 해결함으로써 고객의 구매 결정을 돕고 반품률을 낮추는 데 기여하고 있다. 소매 산업 전문 매체 리테일 다이브Retail Dive는 월마트의 버추얼 트라이온 서비스를 이용해 판매된 의류 제품은 반품률이 36% 감소했다고 밝혔다.

증강현실 기술을 통해 온·오프라인 경계를 허물었다

●●●●●

월마트는 증강현실 기술을 활용한 가상 체험 서비스를 다양한 제품군으로 확대하고 있다. 가상 체험 서비스는 온라인 쇼핑의 가장 큰 약점인 '실물 확인이 어려운' 문제를 해결하기 위한 혁신적인 시도다. 월마트의 증강현실 기술 도입 현황을 시간순으로 살펴보면 다음과 같다.

2019년	'뷰 인 유어 홈View in Your Home' 서비스 도입
	– 가구와 홈데코 제품을 자신의 공간에 배치해보는 증강현실 기능 – 가구, 인테리어 소품, 기숙사용 제품 등에 적용
2021년	지킷 인수
	– 의류 가상 착용 기술 기업 인수 – 증강현실 기술을 활용한 의류 가상 착용 서비스 제공
2022년	메모미 인수
	– 안경 가상 착용 기술 기업 인수 – 안경류 제품의 가상 착용 서비스 강화
2023년	퍼펙트와 협력
	– 인공지능과 증강현실 기술을 결합한 가상 화장 체험 기술 도입 – 블러셔, 립, 아이섀도, 브론저 등 가상 화장 체험 서비스 제공 – 고객 데이터를 저장하지 않는 프라이버시 보호 정책 적용
2024년	안경 가상 착용 서비스 확대
	– 안경 가상 착용 서비스 전면 도입
2024년	헤어 컬러 가상 체험 서비스 도입
	– 헤어 컬러 제품의 가상 체험 기능 추가

지킷 기술을 활용한 패션 분야의 가상 착용을 27만 개 이상의 의류 제품에 적용한 월마트는 뷰티, 안경류, 홈퍼니싱 카테고리와 오프라인 매장까지 가상 체험 서비스를 확장하고 있다. 뷰티 제품 분야에서는 퍼펙트Perfect와 협력해 가상 체험 서비스를 선보이고 있다. 블러셔, 립, 아이섀도, 브론저 등 메이크업 제품을 가상으로 체험할 수 있으며 최근에는 헤어 컬러 제품으로 서비스를 확대했다. 레브론, 라임크라임, 슈바츠코프 등 주요 뷰티 브랜드의 제품을 구매 전에 가상으로 체험할 수 있다. 특히 이 서비스는 고객 데이터를 저장하지 않는 방식으로 운영해 프라이버시 보호에도 만전을 기하고 있다.

안경류 제품에서는 메모미Memomi 기술을 도입해 안경테와 선글라스의 가상 착용 서비스를 제공한다. 실시간으로 다양한 스타일을 체험할 수 있으며 얼굴형에 맞는 제품을 추천받을 수도 있다. 2022년 메모미 인수 이후 이 기술은 계속 발전해 현재 월마트의 안경류 판매에서 중요한 역할을 하고 있다.

홈퍼니싱 분야에서는 '뷰 인 유어 홈View in Your Home' 서비스를 통해 가구와 홈데코 제품을 실제 생활 공간에 가상으로 배치해 어울리는지를 확인할 수 있다. 가구, 인테리어 소품, 기숙사용 가구와 소품 등 다양한 제품군에 이 기술을 적용하고 있다.

오프라인 매장에서도 증강현실 기술을 적극적으로 활용한다. 고객과 직원은 월마트 앱으로 매장 진열대를 스캔해 개인 선호도에 따라 상품을 필터링할 수 있다. 이 기술 덕분에 방대한 매장 상품

중에서 원하는 상품을 쉽게 찾을 수 있게 됐다.

이러한 가상 체험 서비스들은 모두 iOS 운영 체제 모바일 앱을 중심으로 제공되며 일부 서비스는 안드로이드폰에서도 사용이 가능하다. '트라이 잇 온Try It On' 버튼 하나로 즉시 체험할 수 있어 사용도 간편하다. 한 번의 사진 촬영으로 서비스를 계속 이용할 수 있고 시뮬레이션은 실제와 매우 유사하다. 월마트는 가상 체험 서비스를 도입한 후 구매 전환율이 증가하고 반품률이 감소하는 효과를 거두고 있다고 밝혔다.

이처럼 월마트는 증강현실 기술을 통해 온라인과 오프라인의 경계를 허물고 고객에게 더욱 편리하고 확실한 쇼핑 경험을 제공하고 있다. 현재 미국을 포함한 19개국에서 운영되는 1만 700여 개 이상의 매장이 기술 혁신을 통해 글로벌 리테일의 미래를 선도하고 있다.

고객과 직원 모두를 위한 인공지능 기반 시스템을 구축했다
●●●●●

월마트는 2020년 7월에 월마트 전 매장에 직원용 음성 비서 '애스크 샘Ask Sam'을 도입한다고 발표했다. '애스크 샘'은 매장 내 상품 위치부터 가격 조회와 직원 근무 일정까지 다양한 질문에 답변한다. 예를 들어 직원이 "라면은 어느 구간에 있나요?"라고 물으면 즉시 음성으로 정확한 위치를 알려준다. 직원은 음성 비서를 활용해

음성 비서 애스크 샘을 업무에 활용하는 월마트 직원들

(출처: 월마트 홈페이지)

매장 업무를 빠르고 효율적으로 처리할 수 있게 됐다.

고객 응대 영역에서도 생성형 인공지능 챗봇이 큰 역할을 하고 있다. 기존의 규칙 기반 챗봇과 달리 생성형 인공지능 챗봇은 더 지능적이고 인간적인 방식으로 고객 요청을 이해하고 대응한다. 고객은 반품이나 주문 관련 문의에 실시간으로 정확한 답변을 들을 수 있어 만족도가 높아졌다. 동시에 직원은 반복적인 고객 응대 업무가 줄어들면서 업무 스트레스가 크게 줄었다. 이처럼 월마트는 고객과 직원 모두에게 혜택을 주는 방향으로 인공지능을 도입하고 있다.

월마트는 창고형 회원제 매장인 샘스클럽에 혁신적인 무인 출구 시스템을 도입했다. 아마존이 무인 출구 시스템 '저스트 워크 아웃Just Walk Out' 기술을 축소하는 것과는 대조적인 행보다.

샘스클럽의 무인 출구 시스템

(출처: https://www.echingoo.com/archives/683)

샘스클럽의 무인 출구 시스템은 컴퓨터 비전과 인공지능 기술을 결합해 고객의 쇼핑 카트를 자동으로 인식하고 결제 여부를 확인한다. 고객은 계산대에서 직접 결제하거나 스캔앤고 모바일 앱을 통해 결제한 후 별도의 영수증 확인 절차 없이 매장을 떠날 수 있다. 인공지능은 수많은 출구 거래 데이터를 계속 학습하면서 시스템의 정확도와 효율성을 높여간다.

월마트는 이 기술을 2024년 1월 국제전자제품박람회에서 처음 공개했다. 그리고 2024년 5월 기준 미국 전역의 120여 개 샘스클럽 매장(전체 매장의 약 20%)에 도입했다. 기술 도입 후 고객의 매장 퇴장 시 소요 시간이 21% 단축됐으며 64% 이상의 회원이 비접촉 퇴장을 경험했다.

무인 출구 시스템 도입으로 두 가지 큰 변화가 있었다. 첫째, 고객 경험 개선이다. 출구에서 대기 시간이 크게 줄어들어 쇼핑 경험이 개선됐다. 둘째, 직원 업무 효율화다. 영수증 확인 업무에서 해방돼 더 가치 있는 업무에 집중할 수 있게 됐다.

아마존이 아마존 프레시 매장에서 무인 출구 시스템 '저스트 워크 아웃'을 스마트 쇼핑 카트인 '대시 카트Dash Cart'로 전환하는 동안 샘스클럽은 오히려 무인 출구 시스템을 확대하고 있다. 특히 아마존의 시스템은 직원 확인이 필요하다는 비판을 받은 것과 달리 샘스클럽은 완전한 자동화 시스템을 구축하는 데 성공했다는 평가를 받고 있다.

인공지능 기반 공간 기술로 배송 서비스를 혁신했다

● ● ● ● ●

월마트는 2011년 매장 픽업 서비스를 시작으로 배송 혁신을 추진하면서 인공지능 기반 지리 공간 기술Geospatial Technology을 적용한 플랫폼을 도입해 배송 범위를 획기적으로 확대했다. 인공지능과 지리 공간 데이터를 결합한 배송 시스템을 구축해 기존의 거리에 기반한 배송을 뛰어넘는 혁신적인 배송 서비스를 제공하고 있다.

월마트가 구축한 인공지능 기반 지리 공간 기술을 적용한 플랫폼은 거래 데이터, 네트워크 범위 데이터, 고객 인사이트, 외부 환경 데이터, 매장별 수용력, 실시간 교통 상황 등을 종합적으로 분석해 최적의 배송 영역과 방식을 결정한다.

월마트의 배송 혁신의 중심에는 늘 고객이 있다. 고객의 다양한 니즈에 맞게 10여 가지 배송 옵션을 제공한다.

- 퀵 배송: 1시간 이내 배송, 긴급한 생필품 수요 대응
- 인홈 배송: 집 안 냉장고까지 배송, 신선식품 특화 서비스
- 월마트 스파크: 전문 라이더를 통한 배송, 실시간 배송 현황 추적
- 자율주행차·드론 배송: 첨단 기술을 활용한 무인 배송, 비용 효율적인 라스트마일 솔루션
- 매장 픽업: 온라인 주문 후 매장에서 수령 또는 직원이 차량 트렁크에 적재
- 새벽 배송: 오전 6시부터 30분 이내 배송, 특수 수요(예: 낚시 용 미끼) 대응
- 처방약 특급 배송: 49개 주 대상 30분 이내 배송, 일반 상품 과 통합 배송

2025년 1월에 미국 50개 주 중 49개 주에서 제공한 처방약 특급 배송은 30분 이내 배송을 약속한다. 일반 의약품 외에 인슐린 같은 냉장 의약품까지 포함한다. 고객이 처방전과 일반 상품을 함께 주문할 경우 통합해서 배달하는 '단일 배송'도 가능하다.[2]

월마트가 다양한 배송 옵션을 제공할 수 있는 것은 물류 인프라를 혁신한 덕분이다. 월마트는 물류 자동화를 위해 2021년 공급망 자동화에 140억 달러를 투자했다. 2026년까지 매장 65%, 물류센

월마트의 드론 배송

(출처: 월마트 홈페이지)

터 55%를 자동화하는 것이 목표다. 인공지능 기술을 활용해 매장별로 최적 배송 영역을 설정하고 재고 관리와 배송 프로세스를 통합적으로 운영하고 있다.

월마트의 인공지능 기반 배송 시스템은 운영 효율성 측면에서 괄목할 성과를 보여주고 있다. 가장 주목할 변화는 배송 시간 단축과 운영 비용 개선이다. 물류 자동화를 통해 주문 1건당 순배송 비용을 40% 절감했으며 공급망 전반의 효율화로 재고 관리 비용도 크게 줄었다. 이는 가격 경쟁력 강화로 이어져 월마트의 핵심 가치인 '매일 낮은 가격Every Day Low Price' 정책을 유지할 수 있게 한다.

고객 만족도 측면에서도 긍정적인 변화가 있었다. 정확한 배송 시간 예측과 다양한 배송 옵션 제공으로 고객 만족도가 크게 상승했다. 특히 30분 이내 배송과 인홈 딜리버리 등의 혁신적인 서비스는 큰 호응을 얻었다. 더불어 인공지능 기술을 활용한 상품 추천과 재고 관리 최적화로 반품률이 감소하면서 고객 만족도는 높아지고 운영 비용은 줄어들었다.

이러한 운영 효율성 개선은 수치적 성과를 넘어 고객 경험 개선과 비즈니스 모델의 지속가능성 강화라는 측면에서 의미가 크다. 절감한 비용을 기술 혁신과 서비스 개선에 재투자해 선순환 구조가 만들어지고 있다.

투자와 파트너십으로 인공지능 전환을 가속했다

●●●●●

월마트는 인공지능 혁신에 과감하게 투자하고 있다. 2023년에는 마이크로소프트와 전략적 파트너십을 체결하고 '애저 오픈AIA-zure OpenAI' 서비스를 도입해 생성형 인공지능 기술을 더욱 고도화하고 있다. 또한 인공지능 전문 스타트업들과도 협력을 강화하고 있다. 컴퓨터 비전 기술 기업들과 협력해 매장 내 재고 관리를 자동화하고 인공지능 기반 보안 시스템을 도입했다.

더그 맥밀런 CEO는 "인공지능은 우리가 고객에게 더 나은 서비스를 제공하고 비즈니스를 더욱 효율적으로 운영하는 데 핵심적인 도구"라고 강조했다. 월마트의 인공지능 전환은 비즈니스 전반을 혁신하는 포괄적인 변화를 의미한다.

2024년 10월 9일 월마트는 '적응형 리테일'의 가속화를 목표로 하는 새로운 전략을 발표했다. 이 전략은 개인화된 쇼핑 경험을 제공하기 위해 생성형 인공지능, 증강현실, 몰입형 커머스 플랫폼을 활용하는 접근 방식이다. 월마트는 적응형 리테일을 통해 전통적인 소매 방식과 디지털 소매 방식을 통합하며 미래 소매업의 표준을 제시하고 있다.

사람과 기술의 조화에 기반해 디지털로 혁신했다

●●●●●

더그 맥밀런 CEO는 2024년 국제전자제품박람회 기조연설에서 월마트의 디지털 혁신이 "사람과 기술의 조화"에 기반하고 있음을 강조했다. 물류창고 인턴으로 시작해 월마트의 CEO까지 오른 그의 경험은 월마트의 혁신 철학을 잘 보여준다. 월마트는 기술의 이점을 추구하면서도 동시에 인간에 대한 배려를 잃지 않는 균형 잡힌 접근을 통해 디지털 전환에 성공했다. 월마트는 디지털 혁신과 인공지능 혁신을 월마트의 3가지 핵심 철학에 기반해 추진했다.

첫째, 창업자 샘 월튼의 '38만 개 아이디어' 철학을 계승했다. 샘 월튼은 비즈니스 모델부터 남들과 다른 길을 선택했고 경쟁이 아니라 차별적 지위를 확보하는 데 초점을 맞췄다. 둘째, 샘 월튼이 남긴 '우리 직원들이 차이를 만들어낸다Our people make the difference.'는 문구를 실천했다. 월마트는 직원이 곧 고객이기도 하다. 월마트는 소도시에 매장을 내면 지역 주민을 직원으로 채용했고 210만여 직원의 아이디어를 활용한 혁신을 추진했다. 셋째, 디지털 전환과 인공지능 전환의 초점을 '모든 사람의 생활비를 낮춰 더 나은 삶을 보장한다.'는 월마트의 미션을 실현하는 데 맞췄다.

데이터와 인공지능

: 디지털 전환의 엔진이다

데이터와 인공지능으로 최상의 고객 경험을 제공했다

●●●●●

월마트는 데이터 기업이다. 매주 월마트에서 쇼핑하는 2억 5,500만 명의 고객과 그들의 쇼핑 관련 데이터를 통해 거주지, 라이프스타일, 생애주기, 식습관 등을 모두 파악할 수 있다. 월마트는 옴니채널을 위해 월마트가 온라인과 오프라인에서 확보한 모든 데이터를 활용해 최상의 고객 경험을 제공한다.

간단하고 빠른 검색, 고객 취향과 쇼핑 패턴에 맞는 탐색, 개인화된 추천 등의 서비스는 데이터와 인공지능을 기반으로 한다. 이커머스(전자상거래)뿐만 아니라 오프라인 매장의 상품 진열, 가격 결정, 프로모션도 모두 데이터 기반 의사결정이다. 월마트가 가장 공을 들인 옴니채널을 위한 공급망 관리와 배송 서비스도 데이터 분석, 예측, 최적화 알고리즘으로 이뤄진다.

대형 유통업체인 만큼 매장 수도 많고 고객 수도 많고 상품 수도 많다. 이런 월마트에서 데이터 분석과 활용 역량보다 더 중요한 것은 데이터를 매우 빠르게 처리하는 능력이다. 제품 판매량 예측부터 이를 위한 상품 주문과 창고 배치, 매장 재고와 배치, 소비자의 집까지 배송하는 라스트마일Last Mile 배송까지 모든 의사결정은 데이터를 통해 이뤄진다. 월마트는 이 모든 프로세스에 머신러닝 알고리즘을 활용한다.

월마트의 전 최고데이터분석책임자CDAO 빌 그로브스Bill Groves는 회사의 데이터 기반 의사결정에 대해 이렇게 말했다. "고객은 제품을 구매할 때 원하는 제품이 바로 앞에 진열돼 있기를 원한다. 이는 우리가 데이터를 기반으로 실행하려고 노력하는 부분이기도 하다."[1] 월마트는 매주 5억 개 제품의 판매 예측을 위해 엔비디아와 협력하고 있다. 월마트가 사용하는 엔비디아 기술 도구는 GPU와 래피즈RAPIDS라고 하는 GPU 가속 플랫폼이다. 엔비디아가 지원하는 강력한 컴퓨팅 파워로 데이터와 머신러닝을 처리하는 것이다. 월마트는 이러한 첨단 기술을 활용해 더 많은 데이터를 수집하고 분석해 의사결정을 내린다.

데이터 분석과 활용 능력은 분석 자체보다는 얼마나 신속하게 원하는 시점에 해당 데이터를 기반으로 의사결정을 할 수 있느냐에 있다. 월마트는 엔비디아의 첨단 기술 도구들을 결합해 사용하면서 이전에 비해 100배 더 빠른 속도로 데이터를 처리할 수 있게 됐다고 2019년에 발표했다. 그로브스는 데이터 처리 속도에 대해 기존에는 몇 주가 걸릴 모델을 실행하는 데 불과 4시간밖에 걸리지 않을 정도로 속도가 급격히 빨라졌고 한 대의 GPU 서버로 예측 모델을 실행하는 데 드는 시간이 기존 20노드 CPU 서버와 대비해서 단지 4%만을 사용하고 있다고 말했다.

이제 많은 기업이 데이터 사이언스와 예측 알고리즘을 도입해 활용한다. 분석과 활용 역량 자체는 큰 차이가 없을 수 있다. 하지만 실행 속도와 그 속도가 어느 시점에 어떻게 적용되는지가 경쟁력이 됐다. 기존에는 많은 데이터 사이언티스트가 실행 속도를 고려해서 알고리즘을 개발해야 했다. 빠른 GPU는 더 복잡한 알고리즘도 더 빠르게 처리함으로써 데이터 활용 속도와 수준을 기존과는 다른 차원으로 끌어올렸다. 속도의 향상은 단순히 시간의 낭비를 줄이는 차원이 아니다. 고객 경험을 개선할 뿐만 아니라 남은 시간에 새로운 기능을 더 많이 개발하고 실험할 수 있게 되면서 혁신의 속도는 더욱 빨라진다.

그로브스는 수학과 과학의 알고리즘은 지난 몇십 년간 변하지 않았지만 알고리즘이 비즈니스에 도움이 되도록 구현하는 기술 혁신 덕분에 새로운 기회들이 더 많이 창출되고 있다고 말한다. 이런 결과로 월마트를 찾는 수억 명의 고객들은 더 많은 제품을 더 합리적인 가격으로 쇼핑하고 더 빨리 배송받게 됐다. 또한 월마트는 판매량에 영향을 끼치는 것으로 알려진 날씨와 이벤트 등의 변화에 빠르게 대응해 매장과 물류 운영을 최적화하고 있다.[2]

미국 전역의 점포를 거점으로 이커머스를 강화했다

●●●●●

월마트의 최대 강점은 매장과 디지털을 연계한 옴니채널이다. 앞서 얘기한 것처럼 월마트는 미국 전역의 4,600여 개 점포를 거점으로 이커머스를 강화했다. 온라인과 오프라인을 연결하고 통합할 수 있게 한 핵심 역량은 단연코 데이터와 인공지능이다.

월마트는 1970년대부터 IT를 적극적으로 활용하고 고객 데이터를 분석해온 데이터 기업이다. 특히 유통업체에 가장 중요한 재고 관리와 물류 배송에 데이터 활용을 적극적으로 추진했고 1979년에는 데이터센터를 세우기도 했다. 1987년에는 재고 및 판매 추적을 위해 인공위성까지 활용해서 본사와 매장의 통신체계를 구축해 데이터 기반 물류 서비스를 운영한 선도적인 기업이다.

월마트는 디지털 전환을 위한 의사결정에 회사가 가진 모든 데이터를 적극적으로 활용하기 위해 인공지능 기술을 빠르게 도입했다. 월마트 옴니채널의 핵심인 배송 서비스도 고객 데이터 분석에서 시작됐다. 고객 데이터를 분석한 결과 고객의 90%가 매장으로부터 10마일(16킬로미터) 이내에 거주한다는 결과를 얻었다. 차로 20분이면 이동하는 거리다. 이 정도 거리는 온라인에서 상품을 주문한 고객이 원하는 시간 내에 충분히 배달할 수 있는 거리라고 판단했다. 그래서 월마트는 아마존과 비교해 월등하게 우위에 있는 상품 부문인 신선식품을 집까지 배송하는 서비스를 출시한 것이다. 월마트의 택배 서비스인 '익스프레스 딜리버리'는 데이터를 기

반으로 경제성과 서비스 운영 가능성을 검토한 결과로 탄생했다.[3]

당연하게 익스프레스 딜리버리를 위한 상품 선정, 제품별 판매 예측, 상품의 재고 확보, 배송 차량과 배송 직원 근무 일정 등은 모두 데이터를 기반으로 한 인공지능 알고리즘으로 최적화된다. 시간대별 교통 상황과 날씨에 따른 판매량과 배송 예측도 인공지능이 분석한다. 인공지능은 지속적인 학습을 통해 가장 효율적인 배달 경로를 계산한다. 덕분에 월마트는 고객이 온라인 상품 주문 후 2시간 이내에 상품을 배송할 수 있게 됐다. 고객 관점에서 빠른 배송과 월마트의 배송비 효율화를 모두 고려한 최적화를 통해 고객 만족, 구매 전환 확대에 따른 매출 확대, 이익 증가까지 얻었다.[4]

월마트는 고객 접점뿐만이 아니라 공급망 관리를 위한 인공지능도 매우 정교하게 관리한다. 월마트 물류센터는 소형 로봇을 활용해 창고 내 운반 작업을 자동화했다. 로봇 자동화로 월마트의 상품 픽업 속도는 사람이 하는 것보다 약 10배 더 빨라졌다.

결제 수단뿐 아니라 고객 데이터까지 수집했다

●●●●●

월마트는 다양한 방식으로 고객 데이터를 수집하고 통합한다. 기본적으로는 온라인 가입과 월마트 플러스 멤버십을 통해 고객의 기본 데이터와 쇼핑 데이터를 수집한다. 이렇게 수집한 데이터는 고객 경험 강화, 수요 예측, 공급망 관리, 신규 서비스 개발 등에 다양하게 활용한다.

이외에도 다양한 방식으로 데이터를 수집하는데 그중 하나가 월마트 페이Walmart Pay다. 월마트 페이는 아마존의 원클릭에 대응하는 간편결제 서비스로서 온라인과 오프라인 모두에서 사용할 수 있다. 월마트 페이는 소비자의 결제 편의성을 높이는 역할을 하는 동시에 고객의 구매 상품과 구매 행태를 더 정확히 파악할 수 있는 데이터 수집 수단이기도 하다.

특히 월마트 페이의 데이터 수집 기능은 모든 고객의 행동 데이터가 수집되는 온라인보다 오프라인에서 더 효과가 크다. 월마트는 이를 기반으로 오프라인과 온라인에서 고객의 구매 행태와 구매 상품을 통합적으로 수집하고 분석해서 고객을 이해하고 맞춤형 제안을 하고 있다. 월마트 페이의 슬로건은 '월마트 4.0: 오프라인 시대에서 디지털로Walmart 4.0: From Brick & Mortar to Digital First'다. 온라인 고객보다 데이터 수집과 집계가 어려웠던 오프라인 고객의 데이터를 월마트 페이를 통해 수집하고 축적해 쇼핑 패턴을 포함해 고객에 대해 더 많이 알 수 있게 된 것이다.

고객이 모바일 결제수단을 이용하기 시작하면 오프라인 고객의 구매 패턴과 정보가 쌓인다. 이 고객 정보를 이용해 고객별로 개인화된 상품을 추천할 수 있다. 따라서 월마트 페이는 궁극적으로 고객 입장에서 생각할 때 월마트가 무엇을 할 수 있고 제공할 수 있을지에 대한 결론을 도출하는 데 객관적인 지표를 제공하고 있다.

월마트 옴니채널 전략

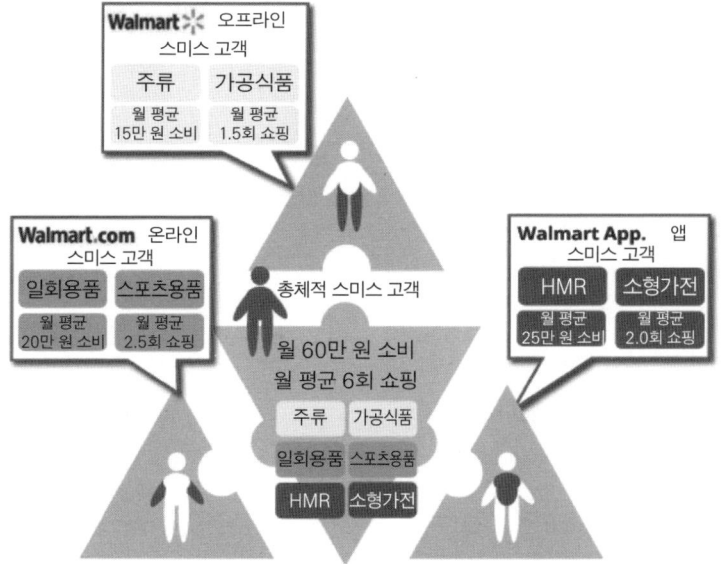

옴니채널에서 온·오프라인 데이터를 확보해 고객을 총체적으로 이해하는 방식이다.

데이터와 인공지능 기업을 인수해 기술력을 확보했다
●●●●●

디지털 전환의 핵심은 데이터다. 그리고 데이터를 제대로 분석하고 활용하려면 인공지능의 도입과 활용이 필수다. 오프라인 기업인 월마트는 아마존, 알리바바 등 플랫폼 기반 온라인 유통업체와 경쟁하려면 온라인 플랫폼과 인공지능 기술 경쟁력 확보가 필수라는 판단을 내렸다. 그래서 초기부터 이커머스 외에 데이터와 인공지능 역량을 가진 회사를 적극적으로 인수했다.

2011년 월마트가 가장 먼저 인수한 회사는 코스믹스Kosmix다.

코스믹스는 사용자가 관심 있는 정보와 주제를 더 쉽게 찾을 수 있도록 소셜 미디어 콘텐츠를 필터링하고 정리하는 플랫폼을 구축한 소셜 미디어 기업이다. 월마트는 코스믹스를 인수한 후 아마존에 대응하기 위해 '월마트 랩스Walmart Labs'라는 데이터 기반 IT 조직을 설립해 실리콘밸리에 두고 운영했다. 월마트는 이 조직이 소셜 커머스와 모바일 커머스를 중심으로 기술과 사업을 개발해 멀티채널 전략을 뒷받침하고 오프라인과 온라인 쇼핑의 경계를 허물어갈 것으로 기대했다. 또한 소셜 미디어 분석 기술을 자체 이커머스 플랫폼에 적용해 개인화된 추천과 검색 서비스 성능을 높이고자 했다. 2011년 50명으로 시작한 월마트 랩스는 2년 만인 2013년에 500명 수준의 직원을 둔 기업으로 커졌다. 소셜, 빅데이터, 모바일, 플랫폼 등에 관한 기술을 연구하고 있다.[5]

더그 맥밀런이 CEO로 부임한 후 디지털 전환을 위한 옴니채널 전략에 맞춰 인수한 기업은 제트닷컴Jet.com이다. 2016년에 인수한 제트닷컴은 데이터와 인공지능 역량을 보유한 회사로 2014년에 마크 로어Marc Lore가 공동 창업했다. 온라인 플랫폼은 2015년 7월에 오픈했다. 오픈 후 1년 2개월 만인 2016년 8월 월마트의 자회사가 됐다. 제트닷컴 직원 대다수는 월마트 이커머스로 이동했고 2020년 5월 19일 제트닷컴은 문을 닫았다. 현재 제트닷컴 주소로 들어가면 월마트닷컴Walmart.com이 뜬다.

이를 통해 월마트가 제트닷컴을 인수한 목적은 제트닷컴이라는 이커머스 사이트보다는 기업이 가진 데이터와 인공지능 역량을 확보하기 위함이었음을 알 수 있다. 제트닷컴의 공동 창업자 마크 로어는 월마트닷컴의 CEO로 임명됐고 이때부터 월마트의 이커머스 사업은 날개를 달고 성장했다. 2017년 월마트의 이커머스 사업 성장률은 44%였다.

그럼 제트닷컴은 어떤 회사였을까? 월마트에 인수될 때 제트닷컴의 비즈니스 모델은 판매 수익이 아니었다. 제트닷컴은 약 2,000개 소매업체들의 상품들을 연결해 판매를 중개했다. 제트닷컴은 공식 서비스를 오픈하기 전에 제트 인사이더Jet Insider라는 무료 캠페인을 진행했다. 이때 가입한 사용자에게 6개월간 무료로 사이트 멤버십을 제공해 친구와 가족에게 가입을 추천하도록 독려했다. 추천인에게는 5년 또는 평생 회원권 등의 상품을 제공해 많은 가입자를 추천하게 독려했고 상위 10명에게는 스톡옵션까지 제공했다. 사전 마케팅 기간인 2015년 2월까지 제트닷컴에 가입한 사용자는 약 35만 2,000명이었다. 그리고 2016년 8월 9일 월마트는 약 33억 달러(3조 6,500억 원)에 제트닷컴 인수를 발표했다.

제트닷컴의 가장 두드러진 특징은 가격 체계에 있었다. 제트닷컴은 사용자의 위치를 기반으로 동일한 물류센터에 있는 품목을 더 많이 구매하도록 가격이 조정되는 체계였다. 그렇게 함으로써 상품 픽업과 배송에 소요되는 비용을 절감하는 것이었다. 이러한 접근 방식은 매출은 극대화하고 비용은 최소화함으로써 구매 건당 수익을 최대한 확보하는 방식이다.

좀 더 구체적으로 살펴보면, 제트닷컴은 고객의 주문량과 자택 위치 등 다양한 데이터를 분석해서 고객에게 최저가 상품을 추천했다. 고객이 장바구니에 상품을 추가하면 알고리즘이 가격 인센티브를 사용해 더 많은 상품을 선택하도록 유도한다. 결제 과정에서 고객은 무료 반품 대신 추가 할인 혜택을 선택할 수도 있다.

마크 로어는 제트닷컴의 실시간 가격 조정 알고리즘은 고객에게 제공하는 실제 한계비용을 측정하는 것이 목표였다고 말한다. 고객이 다른 여러 물류센터의 상품을 구매하는 대신 동일한 물류센터의 상품들만 구매해 가격 할인을 받고, 무료 반품 대신 가격 할인을 선택하고, 신용카드 대신 직불카드를 사용하면 판매자가 부담해야 하는 수수료가 낮아지기 때문에 소비자도 혜택을 받는다. 이렇게 고객은 판매자의 비용 부담을 낮춰주는 대신 더 낮은 가격으로 상품을 구매할 수 있다. 이 모든 실시간 가격 조정은 인공지능 알고리즘이 작동하기 때문에 가능했다.

제트닷컴 인수 후에도 월마트는 이커머스를 위한 역량을 키우기 위해 기업 인수를 계속했다. 2016년 12월 슈바이ShoeBuy, 2017년 무스조Moosejaw, 2018년 플립카트Flipkart를 인수했다. 오프라인 기업인 월마트가 아마존, 알리바바 등 온라인 플랫폼 기반 유통업체와 경쟁하려면 온라인 플랫폼과 인공지능 기술 경쟁력의 확보가 필수라는 판단에 따른 것이다. 월마트는 이커머스 포트폴리오 확대와 인수한 기업의 역량을 통해 월마트닷컴의 고도화와 성장을 이끌었다.

2018년에 월마트는 플랫폼 강자들과의 기술 경쟁에서 우위를

월마트가 인수한 기업과 제휴한 기업

목적	리테일 DNA 확보: 핵심 기술, 인력, 밀레니얼 고객 확보 핵심 카테고리 및 고객 확보: 밀레니얼 및 도시 거주 고객 확보 디지털 네이티브 브랜드: 온라인 전용 PB 상품 확보 테크 생태계: 종합 커머스 플랫폼 구축
인수 기업	제트닷컴Jet.com: 이커머스 기술·인력 보유 무스조Moosjaw: 아웃도어 플랫폼 베어 네세시티즈Bare Necessities: 여성 이너웨어 플랫폼 보노보스Bonobos: 남성복 플랫폼 엘로퀴Eloquii: 플러스 사이즈 여성복 플랫폼 아스펙티바Aspectiva: 인공지능 스타트업 폴리모프 랩스Polymorph Laps: 클라우드 기반 광고 플랫폼
전략적 제휴 기업	페이스북Facebook: 소셜 미디어 우버Uber: 차량 공유 페이팔Paypal: 매장 내 금융 서비스 제공 어펌Affirm: BNPL 서비스 제공 구글Google: 음성 쇼핑

지키기 위해 마이크로소프트와 5년간 전략적 목표 아래 초대형 거래계약을 체결하고 자체 쇼핑몰 앱을 클라우드 네이티브 아키텍처로 전환하기로 결정했다. 이커머스를 통해 고객 접점을 디지털로 전환하면서 월마트 비즈니스 모델의 디지털 전환이 시작됐다. 이를 위해 디지털 전문가를 대규모로 채용했다.

월마트는 제트닷컴 인수로 디지털 역량을 확보했다
●●●●●

월마트는 2020년 6월 제트닷컴의 폐쇄를 발표했다. 2016년 8월 제트닷컴을 인수한 지 채 4년이 되지 않아 서비스를 중단하고 제트닷컴 업무를 월마트닷컴으로 이전했다. 2016년 제트닷컴 인수는 당시 상당한 화제였다. 비교적 미래가치가 높았던 이커머스 기업이 었는데도 불과 4년 만에 폐쇄를 발표한 것이다. 제트닷컴의 인수를 사업적인 관점에서만 보면 실패한 인수로 보인다.

제트닷컴은 월마트에 인수된 후 성공적으로 사업을 확장하지 못했다. 오히려 월마트 인수 후 2년 동안 고객이 감소했고 점유율도 이전보다 절반 이하로 하락했다. 그 이유는 명확해 보인다. 월마트닷컴과 제트닷컴의 플랫폼은 거의 유사했고 월마트는 제트닷컴 인수 이후에도 월마트닷컴에 집중했다. 제트닷컴은 2017년 1월 3,700만 명이 방문했으나 2018년 1월에는 방문자가 1,330만 명으로 줄었고 그해 8월에는 1,030만 명까지 감소했다. 1년 반 사이에 72%나 감소한 것이다.

월마트는 월마트닷컴의 고객 확장에 집중하고 제트닷컴에는 투자를 줄였다. 2018년 2월 더그 맥밀런 CEO는 월마트의 실적 콘퍼런스에서 제트닷컴 투자 축소에 대해 이렇게 설명했다. "전국적으로 새로운 고객을 유치하는 비용은 월마트닷컴이 저렴하기 때문에 월마트닷컴 중심으로 이커머스 투자를 늘리고 있다. 따라서 특정 도시를 제외하고 제트닷컴에 대한 투자를 줄이고 있다."

월마트는 이커머스에서 압도적인 서비스를 제공해 제트닷컴의 프리미엄 고객을 흡수했다. 그리고 제트닷컴을 개인화된 프리미엄 컨시어지 쇼핑 서비스로 진화시켜 고소득층 밀레니얼을 대상으로 프리미엄 이커머스로 특화하고자 추진했다. 이를 위해 뉴욕에서 익일 배송, 당일 배송, 3시간 배송 등 배송 옵션을 다양화하고 철저하게 개인화된 최적의 쇼핑 경험을 제공했다. 월마트가 미국의 중산층과 저소득층 고객에게 어필하는 브랜드라면 제트닷컴은 고소득 고객층을 위한 이커머스 사이트로 자리매김하려 했던 것이다. 하지만 결과적으로는 성공하지 못했다.

그렇다면 월마트의 제트닷컴의 인수는 실패였을까? 그렇지 않다고 생각한다. 앞서 얘기한 것처럼 월마트는 제트닷컴을 키우기 위해 인수한 것이 아니다. 그들이 가진 데이터, 인공지능 경쟁력, 이커머스 사이트의 사용자 경험과 사용자 인터페이스UI 역량을 확보하기 위해 제트닷컴을 인수했다. 월마트는 제트닷컴 인수 후 제트닷컴이 가진 장점을 모두 월마트닷컴에 적용했다. 제트닷컴 창업자 마크 로어는 월마트닷컴 CEO로 일했고 제트닷컴 직원들도 월마트닷컴으로 이동했다.

월마트가 초기 스타트업이었던 제트닷컴을 인수했을 당시 제트닷컴의 시장 점유율은 0.2%에 불과했다. 그에 비해 월마트의 인수 금액 33억 달러는 매우 큰 금액처럼 보였다. 당시 미국에서 이커머스 사업 인수 시 지불한 금액으로서는 최고였기 때문이다. 의구심이 컸지만 월마트는 제트닷컴의 역량을 확보하며 급성장했다.

월마트닷컴의 CEO가 된 마크 로어는 "월마트는 이제 스타트업 속도로 움직인다."라고 말하며 역량 인수에 따른 효과를 보여주었다. 2017년 1월 월마트는 35달러 이상 주문 시 무료 배송 서비스를 도입했다. 당시 아마존 프라임이 연간 99달러를 내면 2일 이내 배송

제트닷컴 인수 전후 월마트 이커머스의 성장 추이

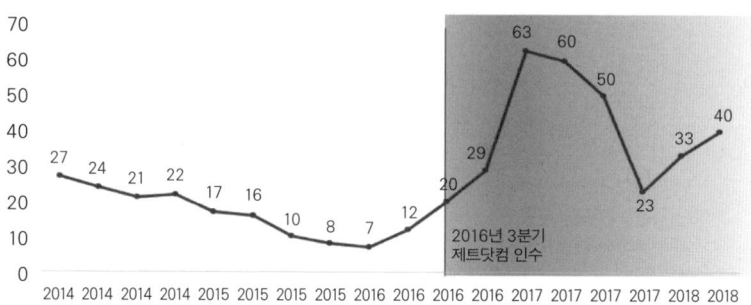

미국 월마트 이커머스 전년 대비 성장률(%)

2016년 3분기
제트닷컴 인수

(출처: 월마트 홈페이지)

하는 것에 대한 대응이었다. 월마트는 35달러만 내면 연회비 없이
도 무료 배송이 가능하도록 서비스 옵션을 제공하며 아마존을 대표
하는 멤버십 서비스에 경쟁을 선포했다.[6]

또한 2016년까지 1,000만 개였던 월마트닷컴의 재고관리단위
SKU[7]를 2018년 6,700만 개 이상으로 확대했다. 당시 아마존의 5
억 6,400만 개에 미치지는 못하지만 불과 2년 사이에 6.7배로 취
급 상품 수를 늘렸다. 온라인 주문 상품의 픽업 서비스도 빠르게
대상 점포를 늘리면서 온라인 주문 후 배송 대신 픽업을 선택한 고
객에게 픽업에 따른 할인 서비스를 제공했다. 마크 로어는 이전에
도 다이퍼스닷컴Diapers.com을 아마존에 매각했던 통찰력 있는 이커
머스 전문가다. 그는 월마트의 이커머스와 옴니채널 성장을 위한
내부 혁신을 빠르게 이룰 수 있도록 도왔다.

월마트의 제트닷컴 인수에 관한 블로그 글에 사용자 인터페이스

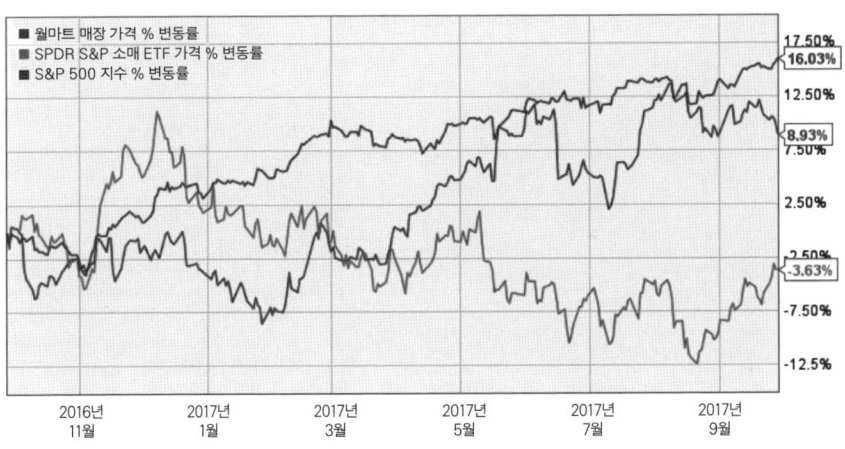

(출처: 와이차트, 2017. 9. 29. 4시 37분, 모틀리풀)

전문가가 댓글을 써서 자신의 견해를 밝혔다. 그는 월마트가 급격히 성공한 이유를 제트닷컴의 사용자 인터페이스, 편의성, 데이터와 인공지능 기술력을 그대로 옮겨온 것으로 보았다. 그러면서 자신은 이때부터 월마트닷컴에서 물건을 구매하는 것이 편리하게 느껴져서 쇼핑을 엄청나게 하게 됐다고 고백했다. 기존에 월마트의 역량으로는 상상할 수 없었던 진화를 디지털 역량의 힘으로 이룬 것이다. 월마트는 제트닷컴이 가진 인력, 이커머스 사이트 운영 역량, 데이터와 인공지능 역량을 인수했던 것이다.

기술 변화는 한계 없는 방식으로 경쟁 우위를 만든다
●●●●●

데이터는 디지털 시대의 원유다. 왜 디지털 시대의 원유일까? 가공되지 않은 원유는 가치가 낮지만 가공된 원유는 산업혁명 시대에 공장과 자동차와 전기를 작동시키는 가장 강력한 자원이 됐다. 디지털 시대의 데이터도 그렇다. 가공되지 않은 데이터 자체는 큰 힘을 발휘하지 못한다. 하지만 데이터를 목적에 맞는 방식으로 분석하고 활용하면 무궁무진한 혁신은 물론 비용과 자원의 효율화를 이룰 수 있다.

산업혁명 시대에는 비즈니스 성공의 주요 열쇠가 규모의 경제였다. 글로벌 기업들이 성공한 이유 중 하나는 제품을 대규모로 생산하고 공급하는 체계를 확보해 글로벌을 상대로 사업을 운영했기 때문이다.

하지만 인터넷 시대와 디지털 전환 시대가 되면서 규모의 경제에 의존해 성장한 전통 기업들이 몰락하고 있다. 대표적으로는 아마존에 의해 몰락한 보더스와 반스앤드노블 같은 서점들, 시어스와 메이시스 같은 전통적인 백화점들이다. 디지털 경제의 어떤 점이 기존에 강력한 경쟁우위를 확보하고 있던 전통 기업들을 무너뜨렸을까?

하버드대학교 경영학 교수 마이클 포터와 빅터 밀라는 1985년 『하버드 비즈니스 리뷰』에 기고한 「어떻게 정보가 경쟁우위를 확보하게 하는가」라는 글에서 정보화 시대의 데이터 혁명이 어떻게 경쟁에 영향을 미치는지를 피력했다. 포터와 밀라는 정보 혁명과 데이터 혁명 3가지 중요한 방식으로 산업 구조와 경쟁 규칙을 변화시킨다고 말한다. 기존 경쟁사에서는 볼 수 없었던 새로운 방식을 제공하기 때문이다. 새로운 방식은 완전히 다른 경쟁우위를 창출하고 기존에 운영되던 비즈니스를 새롭게 개선한다. 그리고 그 핵심에는 데이터와 인공지능이 있다.[8] 정보 혁신, 데이터, 인공지능이 기업에 주는 경쟁우위 중 하나는 기업이 가진 가치사슬 활동들을 이전과 다른 방식으로, 즉 비용 효율적이면서도 효과적인 방식으로 운영할 수 있게 돕는다는 점이다.

마이클 포터는 '경쟁우위'라는 경영 전략 개념을 통해 기업이 가치사슬 활동을 차별화함으로써 원가우위 또는 차별화 전략을 구사하게 된다는 점을 강조한다. 기업의 가치사슬 활동에서 원가를 최대한 절감해 경쟁사 대비 가격 우위를 점하거나 기업의 가치사슬 활동 중 일부를 기존 업계와 완전히 차별화해 가격이 아니라 가치를 기준으로 경쟁하기도 한다. 정보 혁신, 데이터, 인공지능은 기업의 가치사슬 활동을 더 낮은 비용으로 진행할 수 있도록 프로세스를 획기적으로 개선하게 하거나 초개인화 등을 통해 고객 편의성 관점에서 완전히 차별화된 가치를 제공할 수 있게 한다.

기존의 경쟁우위는 대규모 생산 시설과 공급망에 의한 규모의 경제를 기반으로 내부 직원들의 숙련과 노하우를 중심으로 이뤄졌다. 반면 기술 변화는 물리적인 방식보다는 훨씬 더 빠르고 한계가 없는 방식으로 경쟁우위를 만들어낸다. 산업혁명에 큰 도움이 된 철도는 매사추세츠주 보스턴에서 뉴햄프셔주 콩코드까지 이동 시간을 30분의 1로 단축시켰다. 버스나 자동차로 5일이 걸려야 갈 수 있는 거리를 철도로 4시간 만에 갈 수 있게 된 것이다. IT 혁명은 이와는 비교가 되지 않는다. 마이클 포터가 논문에서 예시로 든 컴퓨터 성능 비용은 30년 전에 비해 8,000배 저렴해졌고 디지털화 작업에 드는 시간도 1958년에 비해 8,000만 배 증가했다. 인간의 노력을 기술로 전환하면서 시간과 비용이 획기적으로 단축됐을 뿐만 아니라 상상하지 못했던 일이 현실화된 것이다. 2023년부터 전 세계를 강타하고 있는 인공지능은 말할 것도 없다. 이제 우리는 글쓴이가 인간인지 인공지능인지 구분하기 어려운 시점까지 와 있다. 언젠가는 구분조차 무의미해질지도 모른다.

데이터 운용과 알고리즘 확보 역량이 격차를 만든다
●●●●●

맥스웰 웨슬Maxwell Wessel은 디지털 전환은 어느 조직에서나 가능하고 점점 필수가 되고 있다는 내용의 논문을 발표했다. 그는 이 논문에서 온라인 서점에서 가장 큰 유통업체가 된 아마존, 소유한 차량 한 대 없이 가장 큰 운송 교통수단을 중개하는 우버, 집 한 채 소유하지 않고도 최고의 접객 서비스를 제공하는 에어비앤비가 어떻게 과거와 다른 방식으로 경쟁력을 확보했는지 설명한다. 그 경쟁력의 핵심에는 데이터가 있다.[9]

데이터가 기업 경쟁우위의 근간이 되는 것은 데이터가 가진 3가지 속성인 확장 가능성Scalable, 강화 가능성Reinforceable, 방어 가능성Defensible 때문이다.

첫째, 확장 가능성이란 한계비용 없이 거의 무한대로 데이터 수집과 저장이 가능한 속성이다. 디지털 네이티브Digital Native 기업 또는 디지털 전환에 성공한 기업은 웹 또는 앱 기반 서비스를 운영한다. 고객이 앱을 내려받아 접속하고 서비스를 이용하는 모든 순간의 데이터를 쌓는다. 데이터는 사용자가 증가하고 사용자와 서비스 간 상호작용이 증가하면서 무한히 확장된다.

우버의 예를 들어보자. 우버는 우버 운전자와 우버 이용자 간 교통을 중개하는 앱이다. 운전자와 이용자는 서로 본인의 위치를 스마트폰으로 인식시킨다. 이용자와 가장 가까운 곳에 있는 우버 차량들을 확인하게 해주고 차량과 이용자가 매칭되면 이용자가 있는 출발지까지 오는 모든 경로를 추적한다. 추적한다는 것은 데이터화한다는 것과 다름없다. 우버 차량이 출발지를 떠나 목적지에 도착할 때까지 모든 경로, 교통 상황, 소요 시간, 그사이 인근에서 발생한 우버 호출 등 모든 데이터가 계속해서 축적된다. 우버 운전자와 이용자의 상호 별점과 후기도 놓치지 않는다. 기본적인 데이터뿐만 아니라 앱 또는 웹을 통해 서비스를 주고받는 모든 정보가 거의 무제한으로 확장된다. 이렇게 축적되고 확장된 데이터는 해당 기업만 가질 수 있는 정보이자 경쟁력의 원천이 된다.

둘째, 강화 가능성이란 데이터를 분석해서 적용한 알고리즘은 시간이 지날수록 개선돼 보다 경쟁력을 갖추게 되는 속성이다. 우버 이용자와 우버 운전자 간 매칭 알고리즘, 소요 시간에 대한 예측, 비 오는 날이나 수요가 폭발하는 시점 예측, 그에 따른 가격 인상과 경로 제안 등 모든 알고리즘은 더 많은 경험과 데이터를 확보할수록 점점 더 개선된다. 우버, 아마존, 넷플릭스 등이 보유한 개인 맞춤형 추천 알고리즘은 시간이 지날수록 개선된다. 이는 추천한 콘텐츠에 대한 소비자 반응을 추가로 학습함으로써 추천 알고리즘의 성능을 계속 개선하기 때문이다. 디지털 네이티브 기업은 개선된 인공지능 알고리즘을 활용해 시스템을 뛰어넘어 좀 더 혁신적인 운영 방식으로 고객 경험을 제공할 수 있게 된다.

셋째, 방어 가능성은 물리적으로 데이터의 도난이나 도용이 불가능한 속성이다. 경쟁사의 서버에 있는 데이터나 알고리즘을 대여하거나 도용하는 것은 어렵다. 산업혁명 시대에 많은 기업이 선도 기업을 벤치마킹하면서 성공했다. 한국의 반도체와 전자 산업은 일본의 반도체와 전자 산업을 벤치마킹했으며 일본 또한 그에 앞서 미국을 벤치마킹했다. 산업화 시대에는 대부분의 제품과 서비스, 유통과 운영 방식을 벤치마킹했다. 유형의 제품과 서비스는 벤치마킹이 상대적으로 쉽기 때문이다. 기업 내부 인력만 알 수 있는 핵심 프로세스나 본질적인 가치는 자문이나 인력 스카우트를 통해 확보했다.

하지만 디지털 시대의 원유인 데이터는 물리적으로 존재하는 제품이 아니다. 데이터를 활용하는 알고리즘도 마찬가지다. 시스템 안에 들어 있으며 육안으로는 확인이 불가능하다. 따라서 디지털 네이티브 기업 또는 디지털 전환에 성공한 기업이 가진 데이터와 그들의 알고리즘을 벤치마킹하는 것은 쉽지 않다. 하려고 한다

유튜브와 넷플릭스의 추천 방식 사례

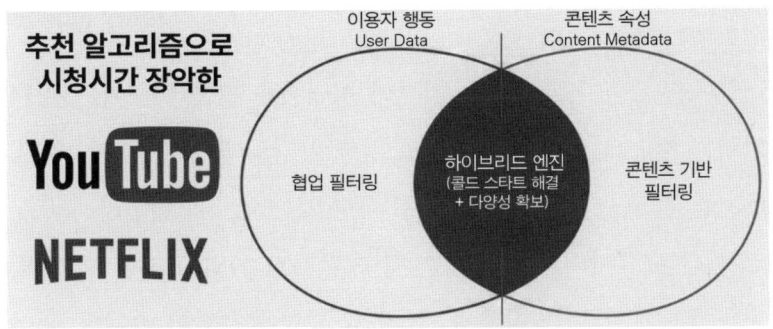

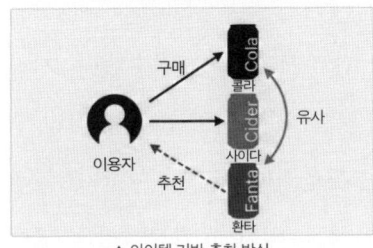

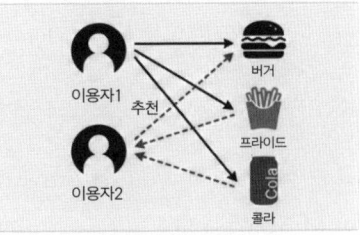

▲ 아이템 기반 추천 방식   ▲ 이용자 기반 추천 방식

유튜브와 넷플릭스의 추천 알고리즘은 시청, 검색, 클릭·콘텐츠 데이터 기반으로 '시청자가 다음에 보고 싶을 것 같은 영상'을 끝없이 줄 세운다. 콘텐츠 큐레이션은 시청자의 예상 시청 시간과 만족도를 극대화하고. 결국 이용자가 의식적으로 선택하기 전에 알고리즘이 취향을 선점한다. 유튜브 시청시간의 70%, 넷플릭스 시청시간의 80%는 이 추천의 결과다.

면 가장 빠른 방법은 그 일을 추진한 핵심 인력을 확보해서 그 일을 하도록 만드는 것이다. 하지만 한두 사람의 힘으로 알고리즘과 데이터 시스템을 바꿀 수는 없다. 그 때문에 도용 불가능한 데이터 운용과 인공지능 알고리즘 확보 역량은 선도기업이 다른 기업들과 격차를 계속 벌리며 앞서갈 수 있는 원동력이 된다.

기술 기업을 인수해 역량을 통째로 확보한 후 강화했다

●●●●●

월마트는 디지털 전환 초기부터 이커머스 전문 인력과 데이터 인력을 계속 영입하며 내부적으로 역량 강화에 노력을 기울였다. 하지만 결국 그들의 성공은 일부 역량 있는 인재가 아니라 제트닷컴과 같은 데이터와 인공지능 역량을 가진 기업을 사들여 그 역량을 통째로 확보한 이후에 가능했다. 월마트뿐만이 아니다. 나이키도 소비자와의 연결을 강화하며 디지털 전환 전략을 추진하기로 하고 가장 먼저 셀렉타Selecta 등 데이터 기업을 인수했다. 기업의 인프라인 백엔드 시스템 재설계, 이커머스 앱 또는 커뮤니티 앱 오픈 등을 통해 고객 접점을 넓히는 것을 넘어 결국 데이터 분석과 활용, 개인화된 추천과 알고리즘을 통해 디지털 세상에서의 고객 경험을 개인별로 상황과 맥락에 맞게 혁신하는 것이 필요했기 때문이다.

그런데 기존 글로벌 기업들은 왜 디지털 전환 시에 데이터와 인공지능의 확보 방안을 전문 인력의 충원보다 회사나 팀의 인수로 했을까? 이는 데이터와 인공지능의 확보가 한 사람만의 힘으로 이뤄질 수 없는 영역이고 데이터를 기반으로 한 혁신이 기업의 가치사슬 전체와 관련이 있기 때문이다.

데이터는 수집, 저장, 분석, 처리 전 단계를 실용적이고 활용 가능한 방식으로 체계화해야 하는 프로세스 업무다. 데이터 수집 도구나 플랫폼을 구축하는 것에 더해 데이터를 각 가치사슬의 의사결정에 활용할 수 있는 방식으로 데이터 구조부터 분석 방식까지 체계화해야 한다. 그리고 실시간 데이터를 기반으로 운영과 고객 경험을 혁신하려면 데이터를 빠르게 뽑아내어 실시간으로 고객 접점에서 고객의 클릭에 따라 상호작용하며 변화해야만 한다. 물론 데이터를 복합적으로 활용하도록 구조화하고 프로세스에 체계화하는 것도 중요하다. 하지만 데이터를 기반으로 실시간 운영될 수 있도록 빠르게 데이터를 확인하고 적용하는 것이 더 중요하다.

디지털 네이티브 기업과 디지털 전환에 성공한 기업은 모두 실시간으로 의미 있는 가치를 제공하는 데이터 활용 체계를 통해 핵심 경쟁우위를 점할 수 있었다. 그러나 실제 데이터를 통합적으로 분석하고 활용해본 적이 없는 기업은 이런 역량을 확보하고 조직 내부에 체계화하기가 어렵다. 기술 발전의 속도가 매우 빠르기 때문에 내부에 역량이 쌓이기를 그저 기다릴 수만도 없다. 월마트, 나이키를 비롯해서 많은 글로벌 플랫폼 기업이 역량 있는 데이터 기업, 인공지능 기업을 큰돈을 주고 인수하는 이유다. 데이터 기업의 비즈니스 자체보다는 그 기업의 핵심 인력과 노하우, 민첩하게 일하는 방식, 그리고 내재된 데이터와 알고리즘을 인수하는 것이다.

성공 비결 3
플랫폼 비즈니스
: 광고와 데이터로 수익을 창출하다

광고와 데이터로 디지털 방식의 수익 모델을 개발했다

●●●●●

월마트는 기본적으로 물건을 판매해 수익을 발생시키는 유통 회사다. 그런데 디지털 전환으로 고객이 모이는 플랫폼과 데이터 역량을 확보하며 이를 지렛대 삼아 또 다른 수익을 만들어내고 있다. 즉 본연의 비즈니스에서 발생한 자산을 활용해 새로운 수익 모델을 개발했다. 대표적인 디지털 방식의 수익 모델은 광고와 데이터 서비스다.

월마트의 광고 수익 모델은 '월마트 커넥트Walmart Connect'다. 2021년 1월 월마트는 월마트 커넥트를 출시하며 5년 이내에 전 세계 10대 광고 플랫폼이 되겠다고 선언했다. 이때는 월마트의 이 커머스가 성장 궤도에 오른 후다. 플랫폼에 고객이 모이면 다양한 수익 모델이 생기게 마련이다. 대표적인 플랫폼 수익 모델이 광고다. 월마트닷컴과 매장에서 개인 맞춤형 광고 서비스를 제공하고 광고주가 지불하는 광고비로 수익을 창출한다. 미국 내 4,600여 개 오프라인 매장에는 TV 스크린과 셀프 체크인 시스템을 설치해 디지털 광고를 송출한다. 아마존이 상품 검색 광고 시장에서 이미 압도적인 광고 수익을 내고 있듯이 월마트도 리테일 미디어로 광고 수익을 창출하고 있다.

월마트는 2021년 광고 사업을 시작하며 아마존의 글로벌 광고 영업 부사장 출신의 세스 댈레어를 최고성장책임자CGO로 영입했다. 댈레어는 아마존, 야후, 마이크로소프트, 인스타카트 등 빅테크 기업에서 영업팀을 이끌며 플랫폼 기반 수익 창출에 기여한 인물이다. 아마존에서 글로벌 광고 사업을 시작한 것도 세스 댈레어다. 월마트는 플랫폼 기반 수익 모델에 정통한 전문가를 영입해 판매라는 본질적인 사업 외에 추가적인 수익 모델을 추진했다. 댈레어는 월마트에서 광고 사업 전략을 새롭게 수립했고 2,500여 개 납품 브랜드들과 파트너십을 맺으며 광고 사업 확장에 기여했다.

월마트 커넥트의 성장은 매장에 TV 스크린을 설치하고 닷컴 사이트에 광고를 노출하는 등 하드웨어 혁신만으로 이뤄진 것은 아니다. 월마트는 2021년 셀프 서브 광고 플랫폼을 설치하면서 기존 수익 사업을 대행하던 광고 대행사들과의 관계를 모두 정리했다. 그리고 광고 플랫폼 운영, 크리에이티비티, 데이터 기반 맞춤형 광고 솔루션 등 수익화에 필요한 모든 역량을 내재화하기 시작했다. 역량 내재화를 위해 폴리모프 랩스Polymorph Labs라는 클라우드 기반 광고 플랫폼 보유 회사를 인수했으며 크리에이티브 자동화 솔루션 기술도 인수했다. 이어서 맞춤형 광고 솔루션을 보유한 더 트레이드 데스크The Trade Desk와 파트너십을 체결하는 등 광고 효과 극대화를 위한 소프트웨어 역량을 갖췄다. 그리고 광고주가 최고의 광고 효과를 거둘 수 있도록 광고 플랫폼을 통한 수익화에 공들이고 있다.[1]

월마트가 전 세계에서 벌어들이는 광고 수익은 2021년 21억 달러, 2022년 27억 달러, 2023년 35억 달러, 2024년 44억 달러로 3년 만에 2배로 성장했다. 아직 초창기이긴 하지만 2022년 코로나19 팬데믹 기간에 월마트는 약 30% 성장하며 광고 플랫폼으로서 잠재력을 보여줬다. 같은 시기 미국 빅테크인 메타, 알파벳 등 플랫폼 기업은 전년 대비 광고 수익이 감소했다. 2025년 1분기에도 월마트의 글로벌 광고 사업은 30% 가까이 계속 성장하고 있다. 월마트 커넥트의 광고주인 마켓 셀러도 큰 폭으로 늘어나고 있다. 월마트의 광고주는 월마트 회원을 대상으로 오프라인 매장에서 디지털 광고를 송출하면서 광고 효과와 판매 수익이 동시에 커지고 있다.[2]

리테일 미디어를 온라인에서 오프라인 매장까지 확대했다
●●●●●

많은 리테일 업체가 보유한 자산인 고객과 온·오프라인 플랫폼을 활용해 '리테일 미디어' 사업을 추진하고 있다. 리테일 미디어

리테일 미디어 유형

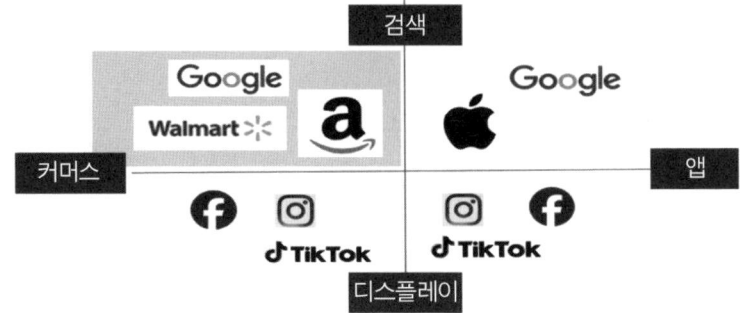

란 리테일이 가진 앱, 웹사이트, 오프라인 매장에 미디어처럼 광고를 게재하는 것이다. 이 중 광고 사업을 가장 크게 하는 유통회사가 바로 아마존이다.

리테일 미디어의 가장 큰 특징은 고객이 제품을 구매하고자 하는 시점POS, Point of Sales에 광고가 노출된다는 것이다. 온라인 쇼핑몰이나 매장에 방문하는 고객은 제품을 구매하는 목적이 명확한 소비자다. 이들을 대상으로 구매를 고민하는 시점에 광고를 노출하면 브랜드 선택과 구매 전환을 유도하는 효과가 상당히 크다.

미국 등 해외 소비자들은 제품 구매 전에 검색 엔진이 아니라 아마존과 월마트 등 온라인 유통업체에서 제품을 검색하는 것을 선호한다고 한다. 아마존은 특히 상품 구색과 실제로 구매한 고객의 리뷰가 풍부해서 제품 정보를 그 어느 곳보다 더 자세히 얻을 수 있는 채널이다.[3] 이것이 아마존과 월마트의 이커머스 사이트에서 광고 수익 모델이 강력하게 작동하는 이유다. 월마트는 리테일 미디어를 오프라인 유통 매장에까지 확대해 수익 모델을 강화하고

미국 소비자가 가격과 리뷰를 검색하는 플랫폼

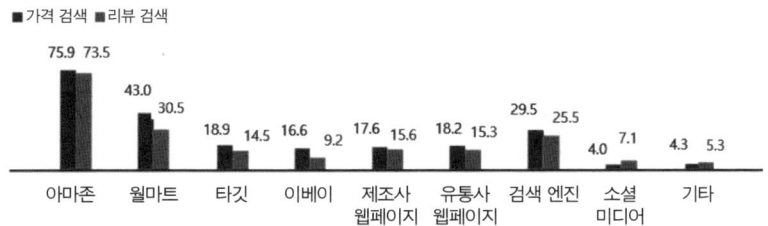

■ 가격 검색 ■ 리뷰 검색

플랫폼	가격 검색	리뷰 검색
아마존	75.9	73.5
월마트	43.0	30.5
타깃	18.9	14.5
이베이	16.6	9.2
제조사 웹페이지	17.6	15.6
유통사 웹페이지	18.2	15.3
검색 엔진	29.5	25.5
소셜 미디어	4.0	7.1
기타	4.3	5.3

미국 소비자들이 온라인 쇼핑 시 검색을 시작하는 곳(2024년 2월)

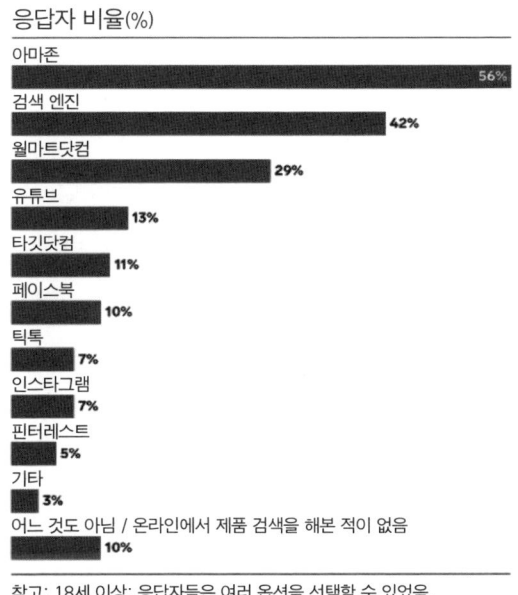

응답자 비율(%)

아마존	56%
검색 엔진	42%
월마트닷컴	29%
유튜브	13%
타깃닷컴	11%
페이스북	10%
틱톡	7%
인스타그램	7%
핀터레스트	5%
기타	3%
어느 것도 아님 / 온라인에서 제품 검색을 해본 적이 없음	10%

참고: 18세 이상; 응답자들은 여러 옵션을 선택할 수 있었음.

(출처: 정글스카우트, 2024. 3. 26.,「소비자 트렌드 리포트」, 이마케터)

있다. 검색 시점에 광고를 판매하는 것은 아마존과 쿠팡을 포함해 현재 대부분의 커머스 플랫폼이 보유한 수익 모델 중 하나다.

　시장조사 기관 스태티스타에 따르면 구글의 미국 내 인터넷 검색 광고 시장을 위협하는 기업은 아마존이다. 2024년 구글은

빠르게 성장하고 있는 아마존의 광고 사업

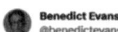

Benedict Evans
@benedictevans

I wondered when Amazon would start disclosing advertising revenue. Answer: $31bn in 2021 - roughly the same size as the entire global newspaper industry.
AWS produced $18.5bn operating income - it's plausible that the ad business is now more profitable.

게시물 번역하기

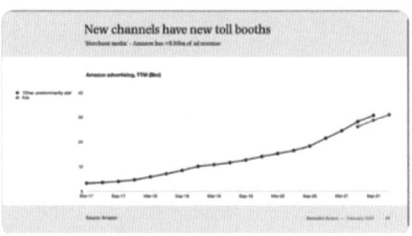

기술 분야 애널리스트이자 저널리스트 베네틱트 에반스에 따르면 아마존의 2021년 광고 수익은 310억 달러로 이는 전 세계 신문 산업 전체 규모와 비슷한 수준이다. 아마존웹서비스AWS는 185억 달러의 영업이익을 냈으므로 이제 광고 사업 수익성이 더 높아졌을 가능성이 있다. (출처: 베네틱트 에반스 X)

89.98%로 지난 10년간 처음으로 90%를 밑도는 광고 시장 점유율을 기록했다. 반면 아마존의 글로벌 광고 수익은 562억 1,000만 달러에 달했다. 미국 검색 광고 시장에서도 17.6% 성장하며 구글의 성장률인 7.6%를 크게 앞섰다. 2025년 미국 검색 광고 시장에서 아마존의 점유율은 22.3%로 증가할 것으로 예상한다. 아마존은 검색 광고를 넘어 디스플레이, 비디오, 스트리밍 TV 광고까지 광고 범위를 확대하고 있다.

아마존에서 검색 광고의 작동 방식은 아마존닷컴에서 상품 검색 시 광고주의 상품을 상단에 노출하는 방식이다. 검색 광고를 통해 광고주는 아마존에서의 상품 판매를 확대하고 아마존은 판매 수익 외에 검색 광고를 통한 수익을 추가로 낸다. 월마트는 오프라인 매장이 있기 때문에 온라인 플랫폼만 가진 아마존과는 방식이 조금 다르지만 광고 사업을 하기에 최적의 조건을 가지고 있다.

아마존이 디지털 생태계 확장 등을 통해 광고 시장 점유율을 높이기 위해 적극적으로 노력하는 것처럼 월마트도 제품 검색과 가격 비교 사이트로서 위상을 확대하며 광고 시장에서 수익성을 키워가고 있다.

2022년 4월 페이먼트닷컴PYMNTS.com에 따르면 미국 소비자의 약 3분의 2(64%)가 전월에 월마트 매장에서 쇼핑하고 28%는 월마트 웹사이트에서 쇼핑함으로써 미국 가구의 92%가 월마트의 온·오프라인에서 쇼핑한 것으로 나타났다. 또한 월마트는 2024년에 주당 2억 5,500만 건의 고객 방문을 기록했으며 소비자의 98%가 월마트를 알고 있다고 밝혔다.

빅데이터 분석으로 인사이트 서비스를 제공했다

●●●●●

또 다른 월마트의 수익 모델은 '신틸라Scintilla'다. 2021년 10월 '루미네이트Luminate'라는 이름으로 출시해 2025년 신틸라로 이름을 바꾸었다. 신틸라는 시장 동향, 고객 및 제품 인사이트를 제공하는 빅데이터 분석 플랫폼이다. 이 외에도 '풀필먼트 서비스'를 출시해서 제조사를 대상으로 제품 보관부터 주문 처리, 포장, 배송 등 전체 풀필먼트를 대행하고 있다. '월마트 고로컬Walmart GoLocal' 서비스는 월마트가 보유한 인프라와 배송 인력을 활용해 지역 업체 대상으로 배송 서비스를 제공하는 라스트마일 서비스다.[4]

월마트 신틸라는 유통업체의 가장 큰 강점인 데이터 자산을 활

월마트의 옴니채널 자산을 활용한 새로운 수익 모델

풀필먼트 서비스	2020년 2월	제품 보관, 주문, 포장, 배송, 추적 등 풀필먼트 서비스 제공
커넥트	2021년 1월	월마트 온라인 쇼핑몰과 오프라인 매장에서 개인화된 맞춤형 서비스 제공
고로컬	2021년 8월	월마트 인프라와 배송 인력을 활용해 지역업체에 배송 서비스 제공
신틸라 (구 루미네이트)	2021년 10월	고객 데이터 기반으로 시장, 경쟁, 제품 동향 등 빅데이터 서비스 제공

(출처: 리테일톡)

용해 수익을 창출하고 있다. 2021년 10월에 서비스를 시작했지만 2022년 1분기에 이미 전 분기 대비 75% 성장한 실적으로 발표하며 조기 수익화에 성공했음을 보여주었다.

기업의 새로운 경쟁 축인 데이터를 활용한 월마트의 신규 수익 모델은 디지털 비즈니스 전환의 가장 큰 변화다. 월마트는 이전에는 상품을 판매해 수익을 창출했다. 그러나 지금은 다른 온라인 플랫폼이나 아마존처럼 구축한 플랫폼 자산과 데이터 자산을 활용해서 물건 판매보다 더 큰 수익을 창출하는 파이프라인을 구축 중이다.

월마트의 새로운 수익 모델은 월마트만 제공하는 사업은 아니다. 리테일 미디어, 풀필먼트 서비스, 연회비 서비스, 빅데이터 인사이트 서비스 등은 이미 사업 모델이 검증된 사업이다. 월마트의 고객 규모와 데이터는 제조업체들이 꼭 활용하고 싶은 자산이다. 데이터 서비스를 활용하고자 하는 파트너를 공급자로 이미 확보하고 있는 월마트는 영업에 추가로 큰 노력을 기울이지 않아도 가치 입증을 통해 기존 사업과 다른 수익 사업을 키우고 있다.

리테일 기업이 아니라 디지털 플랫폼 기업으로 변신했다

●●●●●

사실 유통업체는 가격 경쟁력이 중요하다 보니 수익을 내는 것이 쉽지 않다. 월마트는 원가우위 전략을 통해 상시 최저가 정책으로 사업을 확장한 소매기업이다. 하지만 이커머스 업체들이 들어오면서 월마트가 확보해온 규모의 경제에 따른 가격 경쟁력은 무너질 수밖에 없었다. 따라서 아마존이 유통 판매에서가 아니라 아마존웹서비스AWS 등에서 이익을 내는 것처럼 월마트도 판매 외에 또 다른 수익 모델을 확장하며 수익성을 방어하고 있다.

케임브리지대학교 스텔리오스 카바디아스 교수 등은 새로운 비즈니스 모델을 출시해 언론과 업계에서 많이 회자된 기업 40개를 분석해 성공한 기업들의 비즈니스 모델에서 공통된 6가지 특징이 있다는 것을 발견했다. 이 6가지 특징을 많이 가지고 있을수록 혁신이 성공할 가능성이 크다는 결론을 내렸다. 성공한 플랫폼 기업의 6가지 특징은 다음과 같다.

1. 맞춤형 제품 또는 서비스
2. 폐쇄형 루프 프로세스
3. 공유경제
4. 사용량 기반 가격 결정
5. 협력적인 생태계 구축
6. 조직의 높은 민첩성과 적응성[5]

첫째, 맞춤형 제품 또는 서비스다. 디지털 시대의 비즈니스 모델은 데이터를 기반으로 고객에게 개인화된 맞춤형 서비스를 제공한다. 고객은 자신의 취향에 맞는 제품과 서비스를 선택할 수 있다.

둘째, 폐쇄형 루프 프로세스다. 사용한 제품을 재사용하는 폐쇄형 루프는 기업이 자원의 재활용을 통해 비용을 절감하는 데 도움이 된다. 동시에 소비자는 소비하면서 생기는 자원 낭비에 대한 심리적 불편함을 해소하게 된다.

셋째, 공유경제다. 공유경제는 소유보다 사용에 더 가치를 두는 트렌드를 이끌며 관련 비즈니스를 성장시킨다. 구매하기에는 값비싼 자산을 공유하는 플랫폼 비즈니스는 자산을 소유한 공유자와 사용자가 모두 만족할 가치를 제공해 비즈니스의 선순환을 만든다.

넷째, 사용량 기반 가격 결정이다. 제품과 서비스를 구매하면서 사용하는 만큼 요금을 부과하는 비즈니스 모델은 구매에 대한 심리적 장벽을 쉽게 무너뜨린다. 사용하는 가치에 따라 비용을 지불하는 방식은 사용자를 쉽게 늘리면서도 가입자 네트워크가 확대함에 따라 대규모 이익을 창출한다.

다섯째, 협력적인 생태계 구축이다. 기술과 플랫폼을 활용해 산업 내 공급자들과 협력하는 생태계를 만들 수 있다. 공급자들과 협력하는 생태계는 위험은 분산하면서 사용자를 확대하고 비용을 절감하는 효과가 있다.

여섯째, 조직의 높은 민첩성과 적응성이다. 시장의 변화와 고객의 요구를 실시간으로 수집해 적극적으로 대응할 수 있는 기업은

스텔리오스 카바디아스 연구팀이 발표한 산업별 혁신 기업의 6가지 특징 분석 결과

비즈니스	산업	맞춤형 제품·서비스	폐쇄형 루프	공유 경제	사용량 기반 가격 결정	협력적 생태계	민첩성	점수
우버	택시	○		○	○	○	○	5
에어비앤비	부동산	○		○		○	○	4
아마존	소매유통	○			○	○	○	4
ARM	전자	○			○	○	○	4
델	전자	○			○	○	○	4
구글 애즈	광고	○			○	○	○	4
이케아	소매유통	○	○			○	○	4
레고	완구	○			○	○	○	4
리프트	택시			○	○	○	○	4
필립스	조명		○	○	○	○		4
집카	교통			○	○		○	4
조파	금융	○		○	○		○	4
알리바바	소매유통	○		○	○			3
애플	전자	○			○			3
캐논	전자		○		○	○		3
저스트파크	부동산	○		○				3
라이브옵스	콜센터			○		○	○	3

더 높은 가치를 제공함으로써 사용자의 만족도를 높일 수 있다. 민첩성과 적응성이 높은 기업은 디지털 기술과 데이터를 활용해 실시간으로 고객의 니즈를 파악함으로써 트렌드의 변화를 빨리 포착할 수 있다.

스텔리오스 카바디아스팀의 연구는 기존 플랫폼 기업을 대상으로 한 것이다. 하지만 결과적으로 월마트가 디지털 전환에 성공하면서 구축한 플랫폼 비즈니스 모델은 성공한 플랫폼의 비즈니스 모델의 속성을 많이 가지고 있음을 알 수 있다.

월마트는 맞춤형 제품과 서비스를 제공하고 데이터 자산과 물류 자산을 공유하며 크리에이터, 공급자와 협력적 생태계를 구축한다. 월마트의 B2B 모델과 일부 배송 모델은 사용량 기반 가격 결정을 통해 고객의 선택권을 확장한다. 즉 전통적인 소매기업인 월마트의 디지털 전환은 단순히 기존의 비즈니스 모델을 온라인으로 옮기고 옴니채널 서비스를 통해 고객 경험을 혁신한 것을 넘어선다. 비즈니스 모델 자체도 플랫폼 기업처럼 혁신하며 디지털 전환을 이뤄냈다. 디지털 네이티브 기업과 같은 광고 서비스, 데이터 서비스, 풀필먼트 서비스 등을 통해 유통 생태계 내에서 플랫폼 비즈니스 모델로 완전히 변신한 것이다. 이것이 월마트의 디지털 전환이 타 기업들과 다른 점이다. 이제 월마트는 리테일 기업이 아니라 플랫폼 기업이 됐다. 그것도 강력한 오프라인 매장을 갖춘 플랫폼 기업이다.

디지털 신기술을 적극적으로 도입한 디지털 비즈니스 모델은 고객의 니즈에 대응해 더 높은 가치를 제공함으로써 수요를 창출하거나 기업의 생산성 증가와 이익 극대화를 위한 원가 절감에 기여한다. 또한 디지털 신기술을 활용한 비즈니스 모델은 기존 산업이 가치를 제공하는 방식과 비교해 플랫폼을 기반으로 원가우위를 확보함으로써 훨씬 저렴한 가격으로 고객에게 더 높은 가치를 제공한다. 그 결과 기존 산업을 파괴하고 대체하는 것이 가능해졌다.

첨단 기술과 성공적인 비즈니스 모델 특징의 연결

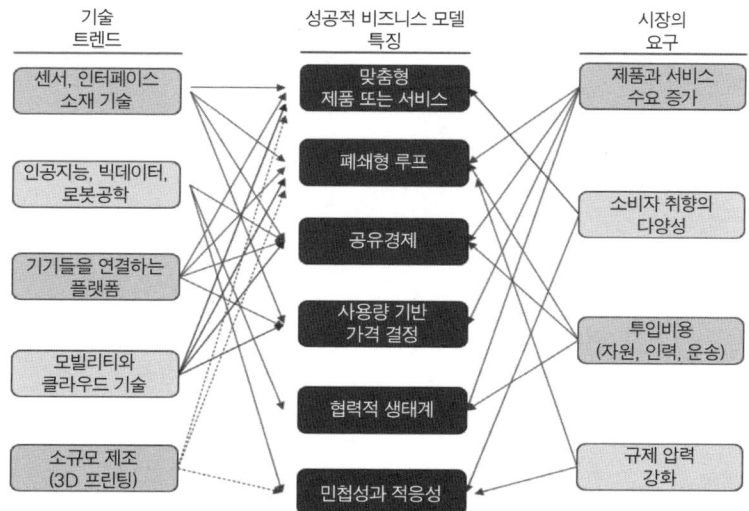

(출처: Kavadias, S., Ladas, K., Loch, C. H., 2019, 「The Transformative Business Model」;
기술 트렌드와 시장의 요구는 맥킨지, PWC 등의 컨설팅 자료 활용)

2부

조직 혁신

리더십

: CEO, 현장에서 변화를 이끌다

더그 맥밀런, 월마트의 디지털 전환을 이끌었다

● ● ● ● ●

월마트의 디지털 전환은 2014년 취임한 더그 맥밀런이 시작했다. 맥밀런은 월마트 본사가 있는 아칸소주 출신이다. 고등학생 때 월마트에서 아르바이트를 했고 경영대학원에 재학 중이던 1990년 수습사원으로 월마트에 입사했다. 샘스클럽과 월마트 인터내셔널 CEO까지 거쳤다. 그는 실무형이면서 월마트의 철학과 일하는 방식을 제대로 파악하고 체득한 CEO다. 메타 최고운영책임자COO였던 셰릴 샌드버그는 맥밀런이 업무를 상세히 챙기면서 동시에 큰 그림을 그리고 혁신을 주도한다고 평가했다. 『포춘』은 2015년 기사에서 창업자인 샘 월튼 이후 가장 잘 준비된 CEO라는 평가를 내렸다.[1]

맥밀런이 월마트의 디지털 전환을 성공적으로 이끈 가장 잘 준

월마트 전 CEO 더그 맥밀런(좌)과 2026년부터 CEO를 맡게 된 존 퍼너(우)

비된 CEO인 이유는 무엇일까? 그는 월마트에서 경력을 시작해 월마트의 모든 문화와 일하는 방식을 꿰뚫고 있다. 아는 것에 그치지 않고 직접 실행해온 뼛속까지 월마트 사람이며 큰 그림을 보고 혁신을 추진할 수 있는 전략적인 리더다.

디지털 전환 과정에서 가장 어려움을 겪는 단계는 전략 수립이나 전략 실행 단계가 아니다. 디지털 전환을 위해 조직 구성원이 각자 현장에서 일하는 방식을 혁신하는 단계다. 맥밀런은 월마트 매장에서 경력을 시작했기 때문에 누구보다 월마트의 기업 철학, 직원의 마음, 일하는 방식을 알고 있다. 반대로 이야기하면 그렇기 때문에 혁신이 필요한 영역, 혁신을 추진하기 위해 제거해야 하는 영역, 변화를 주도해야 하는 영역을 명확히 알고 조직 혁신을 추진할 수 있었다.

그 결과 월마트는 『포춘』이 선정한 '글로벌 500대 기업'에서 2014년부터 2024년까지 11년 연속 1위를 차지하고 있다.

'사람'과 '현장'을 중심에 두고 디지털 전환을 추진했다

●●●●●

더그 맥밀런은 고등학교 때 월마트 물류창고에서 인턴을 했고 대학 졸업 후에는 판매 보조 업무부터 다양한 현장 경험을 쌓았다. 그의 경력은 디지털 전환을 추진하면서도 '사람'과 '현장'을 중심에 두는 리더십의 토대가 됐다. 맥밀런의 디지털 전환 리더십의 특징은 5가지로 정리할 수 있다.

첫째, 명확한 비전과 전략 제시다. 맥밀런은 CEO 취임 직후 '모든 것을 다하는 전략'을 선언하며 월마트의 디지털 전환 방향을 명확히 했다. 단순한 선언이 아니었다. '고객이 원하는 시점에 원하는 장소에서 원하는 방식으로 쇼핑할 수 있게 한다.'는 구체적인 목표를 담고 있었다. 온·오프라인 통합 전략의 방향성을 명확히 제시함으로써 전 직원이 하나의 목표를 향해 나아갈 수 있는 기반을 마련했다.

둘째, 과감한 투자와 실행력이다. 맥밀런의 리더십에서 가장 돋보이는 것은 과감한 투자 결정과 빠른 실행이다. 2015년 이커머스 사업부 인력을 5배로 확대했으며 2016년에는 33억 달러를 투자해서 제트닷컴을 인수했다. 인공지능과 자동화 기술에도 적극적으로 투자해 2026년까지 매장의 65%, 물류센터의 55%를 자동화한다는 구체적인 목표를 설정했다. 이러한 과감한 투자는 월마트의 디지털 전환을 가속하는 원동력이 됐다.

셋째, 사람 중심의 혁신이다. 맥밀런은 창업자 샘 월튼의 '우리 직원들이 차이를 만들어낸다.'는 철학을 계승하며 디지털 시대에 맞게 재해석했다. 월마트 아카데미를 설립해 직원의 디지털 역량을 강화하고 새로운 시대에 필요한 역량을 개발할 수 있도록 지원했다. 특히 직원의 아이디어를 존중하는 상향식 혁신 문화를 조성함으로써 210만여 직원을 모두 혁신의 주체가 되도록 만들었다.

넷째, 균형 잡힌 접근이다. 맥밀런의 리더십에서 특징적인 것은 기술과 인간의 조화를 추구하는 균형 잡힌 접근이다. 디지털 전환을 추진하면서도 인간적 요소를 잃지 않았으며 온라인과 오프라인의 시너지를 극대화하는 데 초점을 맞췄다. 단기 성과와 장기 혁신 사이의 균형을 유지하면서도 효율성 추구와 고객 경험 개선이라는 목표를 동시에 달성하고자 했다.

다섯째, 현장 중심의 리더십이다. 물류창고 인턴부터 시작한 경험은 그를 현장 중심의 리더십을 가진 CEO로 만들었다. 매장과 물류 현장의 의견을 적극적으로 수렴하고 실제 고객 경험에 기반한 의사결정을 내렸다. 현장 직원의 역량 강화에 특별한 관심을 기울였으며 실험과 학습을 장려하는 문화를 조성했다. 이러한 현장 중심의 리더십은 디지털 전환이 실질적인 성과로 이어지는 데 핵심적인 역할을 했다.

맥밀런은 이러한 5가지 특징의 리더십을 통해 전통적인 소매기업인 월마트를 디지털 시대의 혁신 기업으로 탈바꿈하는 데 기여했다. 그의 리더십은 디지털 전환 시대에 전통적인 기업의 CEO가 어떤 역할을 해야 하는지를 보여주는 좋은 사례다.

거대 조직의 경직성을 해소하고 변화를 이끌었다

● ● ● ● ●

맥밀런은 인턴부터 경력을 쌓으며 내부에서 성장한 경영자로서 기존 문화를 이해하고 있다. 조직에 대한 깊은 이해는 디지털 전환에 가장 큰 장애물 중 하나인 경직성을 해소하고 조직의 변화를 성공적으로 이끄는 데 도움이 됐으리라 판단한다. 혁신하기 위해 외부에서 영입한 경영자는 혁신적인 아이디어는 낼 수 있지만 조직의 응집력을 만들어내기는 쉽지 않기 때문이다.

맥밀런은 한창 디지털 전환에 적극적이던 시점인 2017년 5월에 사내 스타트업 인큐베이터인 '스토어 넘버 8Store No. 8'을 설립한다. 스토어 넘버 8은 아마존에 대항하기 위해 월마트 내부에 만든 '스타트업처럼 생각하고 실행하는 조직'이었다. 스토어 넘버 8은 월마트의 창업자인 샘 월튼이 다양한 테스트를 추진했던 아칸소주 점포 이름이다. 스토어 넘버 8이 내놓은 성과가 2019년 출시한 '인홈 딜리버리' 서비스와 2021년 출시한 '대화형 커머스' 등이다.[2]

맥밀런은 2017년 1월에 언론과의 인터뷰에서 기존의 월마트가 '혁신가의 딜레마'[3]에 빠져 최선을 다하지 않았고 성장이 둔화하면 새로운 월마트 매장을 하나 더 열면 된다고 안일하게 생각한 것도 없지 않다."라고 인정했다. 그는 월마트의 디지털 전환 전략을 공유하며 이커머스를 오픈하는 것은 쇼핑몰만 오픈하는 것이 아니며 그 이상으로 모든 조직에 디지털 교육을 하고 일하는 방식을 바꾸어 빠르고 효율적인 조직이 되는 것임을 강조했다.[4]

맥밀런은 스토어 넘버 8을 설립 7년 후인 2024년에 폐쇄했다. 그는 폐쇄 이유를 이렇게 설명했다. "당시 스토어 넘버 8을 설립한 것은 옳은 결정이었고 월마트 혁신에 기여한 것이 사실이다. 기업은 물론 일반 소비자도 챗GPT와 같은 서비스를 연구하고 실험하는 지금 이 시대에 혁신은 더 이상 한 조직의 전유물이 돼서는 안 된다. 기술 혁신에 대한 책임이 핵심 사업마다 스며들지 않고 따로 격리되는 것은 바람직하지 않다. 앞으로 소매업의 미래를 만들어가는 책임은 특정 조직이 아니라 월마트 전사적으로 공유하게 될 것이다."

디지털 전환은 혁신적인 리더십이 중요한 만큼 조직문화와 일하는 방식을 새롭게 전환하는 것이 무엇보다 필요하다. 따라서 조직맨 하부 실무자의 일하는 방식과 마인드를 바꾸지 못하면 디지털 전환은 성공하기 어렵다. 월마트는 오프라인 매장 직원의 역할과 책임R&R, Role & Responsibility을 바꾸고 매장을 이커머스 방식으로 재편했으며 이를 매우 빠른 시간 안에 순조롭게 해냈다(적어도 외부에서 보는 시각에서는 순조로워 보인다).

일하는 방식 혁신

: 민첩성과 유연성을 문화로 만든다

어떻게 거대 유통 공룡은 민첩하고 유연하게 바뀌었는가

●●●●●

비즈니스 모델을 바꾸는 일은 생각보다 어렵다. 특히 한 사람 또는 하나의 조직이 아니라 전사적 차원에서 사업 모델이나 일하는 방식을 바꾸는 일은 조직 전체가 나서야 한다. 매우 민첩하고 유연하면서도 적극적으로 변화에 대응해야 한다.

월마트는 세계적인 유통 공룡이라는 말처럼 둔한 공룡이 되지 않기 위해 구성원의 필요 역량 중 하나로 유연성과 적응성을 필수로 여긴다. 새로운 환경과 변화에 적극적으로 대응하고 고객의 상황에 맞게 사고하고 행동하는 것은 월마트 구성원이라면 꼭 가져야 하는 핵심 역량이다.

월마트는 이커머스 업체들과의 경쟁에서 생존할 수 있는 경쟁력을 오프라인 매장에서의 고객 경험에 의한 차별성으로 규정했다.

그런 만큼 매장 구성원의 기존 역할도 당연히 달라져야 했다. 더그 맥밀런은 구성원의 역할 변화를 주도적으로 추진했다. 그는 누구보다 매장에서의 고객 경험과 고객 응대의 중요성을 잘 알고 있었다. 고등학교 시절부터 여름 방학에 월마트 일자리 체험 프로그램에 참여했다. 대학 졸업 후에는 판매 보조 업무에서 시작해 매장의 다양한 업무를 거치며 성장했다. 그는 CEO 취임 이후 매장의 성과 평가 지표 중에서 고객 만족도 비중을 높였다. 2015년부터는 매장 직원의 역할 변화와 이를 위한 역량 개발에 과감하게 투자했다.

그의 첫 투자는 미국 전역의 매장 근처에 월마트 아카데미를 설치한 것이었다. 이곳에서는 고객 대면 시 필요한 스킬, 팀워크, 커뮤니케이션을 중점적으로 교육했다.

월마트 구성원이 반드시 갖춰야 할 5가지 역량이 있다

● ● ● ● ●

월마트는 유통업의 생태계가 기존과는 달리 빠르게 변함에 따라 월마트 구성원이라면 반드시 갖춰야 할 5가지 공통 역량을 제시했다.

1. 디지털 정보 활용 능력: 디지털의 새로운 기술, 용어, 기기 사용법을 학습하고 적응하는 역량
2. 데이터 기반 의사결정: 고객 및 현장 데이터를 중시하고 활용

하는 역량

3. 성장 마인드: 현 상태에 머무르지 않고 적극적, 주도적으로 성
   장하는 역량

4. 유연성과 적응성: 새로운 환경, 변화, 고객 상황에 맞게 사고
   하고 행동하는 역량

5. 공감 능력: 고객 관점에서 고객의 니즈와 불편을 파악하고 대
   응하는 역량

월마트에서 강조하는 5가지 공통 역량은 고객과 상호작용하며
고객이 구매 환경에서 겪은 문제점인 페인포인트Pain Point를 데이
터화하는 것, 온라인 주문에 대응하고 매장의 로봇이나 각종 디지
털 기기들을 다루는 것, 더 나은 고객 경험을 제공하기 위해 일하
는 방식이나 생각하는 방식 등을 바꾸는 것을 포괄한다. 더 나은
고객 경험을 위해 월마트는 출시 전부터 베타버전을 출시하여 고
객 테스트를 하는 등 충분히 고객의 소리를 반영하고자 노력한다.
일례로 월마트 크리에이터 비즈니스 모델을 만들 때 출시 시점이
바쁜 연휴 시즌이었기 때문에 앞서 베타버전을 출시해 고객 테스
트를 충분히 진행했다. 이 시스템은 고객인 크리에이터가 사용하
는 플랫폼이기 때문에 고객 경험이 더 중요하다.

월마트의 크리에이터는 세심하게 선별한 제품에 대한 영상 콘텐
츠를 통해 수익을 창출한다. SNS와 월마트 사이트에 콘텐츠 스토
리를 작성하고 영상 아래 게시물에 월마트 제휴 링크를 삽입해 해

당 영상을 본 소비자가 제품을 구매할 수 있도록 노력한다. 크리에이터가 수익을 늘리려면 많은 소비자가 반응해야 한다. 월마트는 고객의 클릭 수 대비 실제 판매 비중을 알 수 있는 전환율CVR, Conversion Rate 등에 관한 데이터를 제공해 크리에이터가 더 나은 콘텐츠를 제작할 수 있도록 돕는다. 이는 크리에이터뿐만 아니라 월마트의 성과 확대에도 중요하다.

이런 신중한 사전점검과 테스트와 개선 노력으로 월마트는 크리에이터 플랫폼을 빠르게 발전시켰다. 크리에이터가 콘텐츠를 쉽게 제작해 게시할 수 있도록 하고 고객이 월마트에서 원하는 제품을 구매할 수 있도록 기능과 고객 경험을 개선하는 등 플랫폼이 성공적으로 운영되도록 지원하고 있다.

'모든 것을 다하는 전략' 아래 다양한 서비스로 승부했다
●●●●●

더그 맥밀런은 2014년 CEO 취임 후 2015년 언론과의 인터뷰에서 월마트의 전략은 '모든 것을 다하는 전략Everything Strategy'이라고 밝혔다. 이 전략은 '월마트는 고객이 원하는 대로 가장 편리한 쇼핑 경험을 선사한다.'는 목표를 지향하는 것이다. 다시 말하면 '고객이 원하는 시점에 원하는 장소에서 원하는 방식으로 쇼핑할 수 있게 한다.'는 것이다.

월마트는 고객이 원하는 시점에 원하는 장소에서 원하는 방식으로 쇼핑할 수 있도록 오프라인 매장이 가진 강점 위에 온라인의 강점인 쇼핑 편의성과 신속함을 결합하는 '옴니채널 전략'을 구상하고 적극적으로 추진했다.[1] 맥밀런은 2015년 이커머스 사업부 인원을 2011년 대비 5배인 2,500명으로 늘렸고 상품 수도 1,000만 개까지 늘리며 이커머스에 집중했다. 이는 아마존에 대항하기 위한 가장 기본적인 이커머스 역량 강화의 시작이었다.

월마트는 '모든 것을 다하는 전략' 아래 이커머스 사이트 개발, 운영 인력과 상품 수 확대 등 기본적인 역량 외에 다양한 신규 서비스들을 도입했다. 월마트의 혁신 방식은 빠르게 혁신을 실험하고 소비자 피드백을 받는 것이다. 성과가 있을 것으로 예상되는 모든 실험을 다 시도해 빠르게 성과를 낼 수 있는 방법을 찾음으로써 빠른 실패Fast Fail를 추구했다. "남보다 먼저 혁신을 시도하면 설사 실험에서 실패하더라도 많은 것을 배울 수 있다."는 실리콘밸리의 혁신 마인드를 적용한 것이다.[2]

소매업은 어떤 하나의 요소만으로 성공이 결정되지 않는다. 필자가 근무했던 삼성 테스코의 본사인 영국 테스코Tesco의 미션은 '에브리 리틀 헬프스Every Little Helps'였다. 아주 사소해 보이는 작은 것들이 모여 고객 만족과 최고의 쇼핑 경험을 만들어낸다는 의미다. 좋은 가격과 프로모션, 좋은 품질의 신선한 제품, 밀리지 않는 계산대, 넓고 편리한 매장 환경, 고객을 편하게 만드는 고객 응대 서비스 등 어느 하나 소매업에서 중요하지 않은 것이 없다.

월마트의 '모든 것을 다하는 전략'은 고객의 쇼핑 경험에 영향을 주는 사소한 것들 모두가 전부 중요하다는 의미와 함께 고객 경험을 혁신하고 개선할 수 있는 모든 작은 시도를 지속하자는 의미가 담겨 있다. 기업은 우선순위가 낮고 사소해 보이는 작은 요소들을 놓치기 쉽다. 상대적으로 덜 중요해 보이기 때문이다. 하지만 개별 고객의 관점에서는 다르다. 쇼핑을 하다 경험하게 되는 어떤 특정 사건이 가장 큰 불편 사항이 될 수도 있고 감동을 주는 순간이 될 수도 있다. 유통의 진실의 순간MOT, Moment of Truth이 되는 것이다. 이 진실의 순간은 고객이 기업을 떠나거나 반대로 애착을 갖게 되는 순간이 된다.

아마존의 제프 베이조스도 생각이 같았다. 그는 고객 서비스에 대해 두 가지 진실을 말한다. 첫째, 어떤 회사와 관련해 불쾌한 경험을 겪은 고객은 주변 친구들 몇 명이 아니라 상상할 수 없을 만큼 많은 사람에게 자신의 경험을 퍼트릴 것이다. 둘째, 아무런 서비스를 제공하지 않는 것이야말로 최고의 고객 서비스다. 도움을 요청할 필요가 전혀 없을 때 고객은 가장 좋은 경험을 하기 때문이다.

아마존은 고객 집착Customer Obsession을 제1원칙으로 삼아 사업하는 기업이다. 고객 집착 원칙은 어떤 순간에라도 고객이 불편함을 겪으면 쉽게 떠날 수 있다는 점을 항상 염두에 둔 정책이다. 아마존의 모든 고객 경험 프로세스는 이 원칙을 기반으로 설계된다. 그래서 고객 불편을 해소하는 데 초점을 맞췄다. 고객 불편을 찾아내기 위해 고객 의견을 받는 온라인 피드백 모니터링 시스템에 수십억 달러를 투자했다. 그만큼 고객의 마음을 확인하고 모니터링하는 일에는 절대 돈을 아끼지 않았다.

아마존이 가장 혁신적인 유통기업이 된 이유는 '고객 서비스가 필요 없도록 하겠다.'는 철학이다. 쇼핑하는 동안 누구의 도움도 필요 없는 만족스러운 고객 경험을 할 수 있도록 기술 기반 혁신을 거듭했다. 고객 데이터와 상품 구매 데이터를 수집, 분석, 활용한 큐레이션으로 맞춤형 상품을 제공하는 데 집중했다. 아마존의 맞춤형 상품 추천, 개인화된 사용자 인터페이스, 간편한 원클릭 결제, 무료 배송 및 2일 배송 정책 등은 아마존이 유통 혁신을 이뤄낸 서비스들이다. 고객들이 이런 서비스를 접했을 때 "그래, 맞아. 내가 딱 이것 때문에 불편했어!"라고 말하도록 만든 것이다. 고객이 불편함을 느꼈지만 딱히 문제라고 하기 어려운 기존 프로세스를 바꾸는 완전히 혁신적인 방식을 선도적으로 도입했다.[3]

고객의 상품 경험 후기를 모으는 데 집중한 것도 같은 맥락이다. 상품 경험 후기는 그 자체가 정보다. 기능, 크기, 디자인만이 아니라 사용할 때의 만족도와 문제점을 그대로 알려준다. 제조업체와 판매업체 직원의 관점이 아니라 사용자 관점에서 제품의 사용성을 알려준다. 구매를 망설이는 고객이 기존 사용자의 상품 후기를 통해 구매를 확신하게 되면 별도로 상품에 대한 문의 프로세스 없이도 구매 전환율이 높아진다.

월마트, 아마존, 테스코 등 글로벌에서 성공한 소매기업들은 고객 구매 여정의 모든 단계를 세분해 해당 시점에 꼭 필요한 편의를 제공함으로써 다음 단계로의 이동과 구매 전환을 순조롭게 했다.

직원의 역량과 아이디어 실현 도구로 기술을 도입했다

●●●●●

1992년 세상을 떠난 월마트의 설립자 샘 월튼은 이런 말을 남겼다. "우리 직원들이 차이를 만들어냅니다Our people make the difference." 이 말은 디지털 전환과 생성형 인공지능 시대에도 여전히 유효하다. 월마트는 '인간 주도, 기술 기반' 기업을 표방하며 2024년 말 기준 전 세계 216만 직원의 잠재력을 극대화하는 방향으로 디지털 혁신을 추진한다.

월마트의 혁신 전략에서 가장 주목할 점은 직원의 역량과 아이디어를 실현하는 도구로서 기술을 도입하고 활용한다는 것이다. 2023년 8월 생성형 인공지능을 이용해 생산성을 높이는 '마이 어시스턴트My Assistant' 시스템을 출시한 것은 이러한 철학을 잘 보여주는 사례다. 미국 내 5만 명의 직원의 생산성을 높이는 데 기여하고 있는 마이 어시스턴트 시스템을 구축하는 데는 놀랍게도 단 60일이 소요됐다.

마이 어시스턴트 시스템은 피플 프로덕트People Product 조직의 책임자 벤 피터슨Ben Peterson이 주도하고 있다. 그가 마이 어시스턴트 시스템을 통해 이끄는 직원 경험 혁신은 다음과 같은 영역에서 이뤄지고 있다.

고용과 적응 지원
- 직관적인 디지털 채용 시스템

- 효율적인 신입 직원 교육

학습과 성과 관리

- 인공지능 기반의 학습 지원

- 데이터 기반 성과 평가

경력 개발

- 맞춤형 경력 경로 제시

- 역량 개발 기회 제공

보상과 혜택

- 투명한 보상 체계

- 개인화된 복리후생

마이 어시스턴트 시스템은 단순한 인사관리 도구를 넘어 직원의 잠재력을 최대한 끌어내는 플랫폼으로 기능한다. 그리고 월마트의 직원 경험 혁신은 디지털 전환과 인공지능 전환에서도 다음과 같은 선순환 구조를 만들고 있다.

아이디어 발굴

- 210만 직원의 현장 경험 활용

- 상향식 혁신 제안 시스템

기술 지원

- 생성형 인공지능 등 첨단 기술 활용

- 직원의 아이디어 실현 지원

실행과 피드백
- 신속한 시범 적용
- 현장 피드백 수렴

지속적 개선
- 성공 사례 확산
- 시스템 개선 반영

아이디어 발굴에서 지속적인 개선까지 이어지는 이러한 접근 방식은 월마트가 단 60일 만에 생성형 인공지능 기반 시스템을 대규모로 도입할 수 있었던 비결이기도 하다. 디지털 전환의 성공에 가장 중요한 것은 시스템 도입과 혁신을 한순간에 이루는 게 아니라 지속하는 데 있다. 그리고 지속적인 혁신은 톱다운의 혁신 성과가 바텀업의 혁신으로 연결될 때 비로소 선순환으로 나타난다.

월마트는 직원 채용부터 교육, 직원들의 현장 경험, 아이디어의 디지털 전환이라는 선순환 루프를 통해 아이디어의 실현뿐 아니라 혁신이 조직에 내재화될 수밖에 없는 기반을 만들었다.

거대 조직에서 애자일 조직으로 바뀌는 데 성공했다
● ● ● ● ●

글로벌 컨설팅 기업 맥킨지는 향후 100년간 지배적인 조직 패러다임은 애자일agile 조직이며 '안정성'과 '역동성'을 모두 고려한 조직 구성이어야 한다고 제언한다. 맥킨지는 2011년 조직 재설계 연구를 하면서 기업의 57%가 2년마다 조직을 재설계하며 조직 재설계에 드는 기간이 18개월임을 발견했다. 하지만 지금과 같이 급변하는 환경에서 기업의 조직 재설계에 18개월이 든다면 시장 변화에 적시 대응하기 어려울 뿐만 아니라 조직 재설계 후에는 이미 시장이 변화해 새로운 문제에 부딪힐 수밖에 없다. 이에 맥킨지는 애자일 개발 방식을 차용해 '애자일 조직'의 필요성을 제안했다. 맥킨지는 기업이 속한 산업 종류나 조직 규모와 상관없이 애자일 조직은 5가지 트레이드마크를 가지고 있다고 설명한다. 조직 전반에 걸쳐 구체화된 북극성 지표, 권한이 부여된 팀의 네트워크, 빠른 의사결정과 학습 사이클, 열정에 불을 붙이는 역동적인 직원, 기술을 활성화하는 새로운 세대가 그것이다.

맥킨지는 진정한 애자일 조직을 만들기 위해서는 5가지 트레이드마크를 모두 갖춰야 하며 조직원들이 협력해야 한다고 강조한다. 곧 조직원의 동참이 혁신에 필수라는 말이다. 결국 조직에 속한 사람들의 사고방식의 변화가 곧 조직의 운영 방식과 문화를 바꿀 수 있다.[4]

월마트는 급변하는 디지털 환경에서 맥킨지가 제시한 5가지 트레이드마크를 효과적으로 구현하며 애자일 조직으로 변신했다. 월마트는 5가지 트레이드마크를 다음과 같이 조직 운영에 구체화했다.

1. 조직 전반에 걸친 구체화된 북극성 지표: '모든 사람의 생활비

를 낮춰 더 나은 삶을 보장한다.'는 명확한 미션과 창업자 샘 월튼의 '우리 직원들이 차이를 만들어낸다.'는 철학을 일관되게 실천하고 있다. '인간 주도, 기술 기반' 기업이라는 분명한 방향성을 가지고 있다.

2. 권한이 부여된 팀의 네트워크: 전 세계 210만 직원의 아이디어를 존중하는 상향식 혁신과 피플 프로덕트 조직을 통한 직원 경험 혁신을 추진함으로써 각 팀이 자율적으로 의사결정을 할 수 있게 했다.

3. 빠른 의사결정과 학습 사이클: 옴니채널 매장으로 혁신하기 위해 매장 직원의 역할을 빠르게 전환하고 직원 교육을 실시하며 실시간 피드백을 통해 서비스를 개선함으로써 현장 아이디어가 신속하게 실행되도록 했다.

4. 열정에 불을 붙이는 역동적인 직원: 직관적인 디지털 경험을 제공하고 개인화된 경력 개발을 지원함으로써 직원의 잠재력을 최대한 끌어내고 있다.

5. 기술을 활성화하는 새로운 세대: 마이 어시스턴트 시스템을 도입하고 생성형 인공지능 기술을 적극적으로 활용하는 등 디지털 시스템을 구축함으로써 직원 경험을 혁신하고 있다.

조직의 실행력으로 내재화되지 않은 이론은 의미 없다

●●●●●

또한 맥킨지는 민첩하게 변화에 대응하고 성과를 창출하는 애자일 조직은 7가지 핵심요소가 유기적으로 연결되어 있어야 한다고 했다. '7S'라고 불리는 7가지 핵심요소는 다음과 같다.

1. 공유 가치Shared Values: 애자일 조직의 핵심으로서 모든 구성원이 공유하는 공통된 믿음과 문화인 동시에 모든 의사결정과 행동의 기준점
2. 전략Strategy: 시장 변화에 신속히 대응하고 고객 가치를 창출하는 민첩하고 유연한 사업 전략
3. 구조Structure: 위계 대신 제품 또는 서비스 기반의 소규모 자율팀Squads 중심의 유연한 조직 구조
4. 시스템Systems: 스크럼, 칸반 등 애자일 방법론과 기술을 통해 빠른 의사결정, 피드백, 배포를 지원하는 운영 체계
5. 스타일Style: 권한 위임, 코칭, 실패 용인, 학습 장려 등 구성원을 지원하는 리더십 스타일
6. 스킬Skills: 기술Tech 역량은 물론 문제 해결, 협업, 적응성 등 애자일 환경에 필수적인 소프트 스킬
7. 직원Staff: 다양한 배경의 인재를 확보하고 성장 마인드셋을 지원하며 시너지를 창출하는 인력 구성

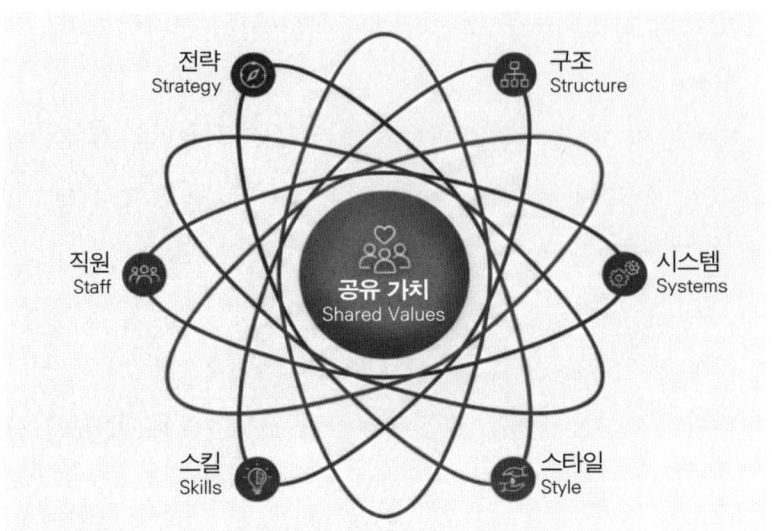

맥킨지의 애자일 조직을 위한 '7S'는 통합적이고 유기적인 연결이 중요하다.

이 7가지 핵심요소들은 독립적으로 존재하는 것이 아니다. 각 요소가 서로 지지하고 강화할 때 조직은 비로소 예측 불가능한 변화 속에서도 지속적으로 성과를 만들어내는 진정한 애자일 역량을 갖추게 된다.

세계에서 가장 높은 매출을 올리고 210만 명의 직원을 보유한 월마트는 맥킨지의 7S 모델을 조직 운영을 위한 구체적인 지침으로 전환하는 데 성공했다. 이들은 어떻게 기존의 관성을 극복하고 조직 전체에 애자일 DNA를 심을 수 있었을까? 월마트는 맥킨지의 7S 모델을 직원들이 체감할 수 있는 7가지 실행 원칙으로 내재화함으로써 혁신에 성공할 수 있었다.

차별화된 디지털 전략이 없으면 실패하고 만다

●●●●●

디지털 전환을 추진하는 전통 기업은 산업의 파괴자 또는 디지털 네이티브 기업에 의해 시장 점유율과 재무 성과에 위기가 나타나고 나서야 방어적인 관점에서 디지털 비즈니스 모델 전환을 검토한다. 지금까지의 성공을 가능하게 했던 경쟁우위로서 기존 사업을 잃지 않는 것이 단기적으로는 더 중요하다고 생각하기 때문이다. 기존 사업은 현재의 캐시카우이기도 하다. 그래서 때로는 장기적으로는 매우 위험할 수도 있는 결정을 내리곤 한다. 그 결정이란 산업 내 선도적인 디지털 네이티브 기업의 비즈니스 모델을 그대로 모방하는 것이다.

오프라인 유통업체가 단지 이커머스 사업에 진출하는 것만으로 충분하지 않은 것처럼 차별화 없는 복제는 투자비만 낭비하게 된다. 디지털 전환은 기업이 현재 보유한 역량과 강점을 활용해 비즈니스 모델을 재창조하는 것이어야 한다. 절대 같은 방식으로는 선도자를 이길 수 없다. 특히 디지털 기술을 도입하는 것만으로는 파괴적 혁신을 만들어낸 디지털 네이티브 기업과 상대할 수 없다.

비즈니스 모델은 하나의 시스템이다. 타깃 대상에게 가치 제안을 하기 위해 어떤 자원을 활용해서 어떤 프로세스로 가치를 만들고 제공할 것인지를 만드는 것이다. 비즈니스 모델 자체는 경쟁을 요소로 하지 않지만 디지털 네이티브 기업에 대응하기 위해서는 경쟁이 필요하다. 따라서 디지털 전환을 추진하는 기업은 비즈니스 모델 도입 시 자신들만의 차별화된 전략을 수립해야 한다. 하버드 경영대학원 개리 피사노Gary P. Pisano 교수는 차별화된 전략이 없는 혁신은 실패하기 쉽다고 했다. 혁신에 성공하더라도 그 성과를 유지하기가 어렵다. 많은 기업이 비즈니스 모델을 전환하고도 실패한 데는 해당 기업만의 차별화된 전략이 없기 때문이다. 선도기업이 성공한 모범 사례를 벤치마킹하는 것에 그치는 경우가 많았다.

기업이 차별화된 디지털 전환 전략이 있으면 선택해야 하는 상황에 놓였을 때 트레이드오프Trade off에 기반해 기업의 전략에 맞는 의사결정을 할 수 있고 올바른 추진 방식을 선택할 수 있다. 개리 피사노는 조직의 혁신 역량은 혁신 시스템에서 나온다고 말한다. 우리가 말하는 "성장하려면 혁신해야 한다." "가치를 창출하려면 혁신해야 한다." "경쟁사보다 더 앞서 나가려면 혁신해야 한다." 등의 일반적인 가치로는 제대로 된 전략을 수립할 수 없다고 단언한다. 명확하고 구체적인 혁신 전략이 필요한 이유다.[5]

기업의 혁신 전략은 기업이 디지털 혁신에 얼마나 집중해서 추진할 것인지, 얼마나 적극적으로 투자할 것인지에 대한 의사결정 판단의 기준이 된다. 따라서 기업은 산업 특성과 기업 특성에 맞는 혁신 방식을 찾아내야 하며 기업의 전략적 선택에 맞춰 혁신을 일관성 있게 추진해야 한다. 이때 차별화된 혁신 전략을 수립하려면 3가지를 고려해야 한다. 첫째, 디지털 전환이 어떻게 잠재 고객을 위한 차별화된 가치를 창출할 것인가. 둘째, 기업이 차별화된 가치를 어떻게 포착하고 어떻게 추구할 것인가. 셋째, 시장에서 경쟁력을 유지하기 위해 어떻게 혁신을 지속하며 환경 변화에 대응할 것인가.

디지털 혁신도 유행을 따라서는 안 된다. 최고 경영진은 혁신의 주체로서 혁신 전략에 기반해 회사에 가장 적합한 변화와 혁신을 선택해야 한다. 그리고 그에 맞는 자원 투입의 우선순위를 결정하고 끊임없이 환경 변화에 맞춰 기업을 진화시켜 가야 한다.

월마트 사례에서 배우는 톱다운과 바텀업의 조화
● ● ● ● ●

우리는 대기업의 몰락을 거대한 공룡의 멸종에 비유하곤 한다. 그만큼 거대 기업이 빠른 시대적 변화에 대응하는 것이 어렵기 때문이다. 대대적인 성공을 거두다가 끝내 실패한 대기업 사례를 보면 특히 산업의 파괴적 혁신에 대응하지 못한 경우가 대부분이다. 그리고 전략의 실패보다 더 많은 경우 기업 내부의 저항과 경직성으로 인해 당초 기대했던 혁신을 지속하지 못한 경우도 많다.

월마트의 디지털 전환 사례는 사례 연구로 살펴보고 그칠 게 아니라 반드시 배워야 할 전략적 로드맵으로 활용해야 한다. 전통적인 대형 유통기업이 어떻게 디지털 시대의 근본적인 도전을 성공적으로 극복했는지를 보여주는 살아 있는 교과서와도 같다. 월마트의 성공적인 디지털 전환 사례를 우리나라 유통 대기업에 비춰보면 월마트의 혁신이 얼마나 고객 지향적이면서도 실질적인지 알 수 있다.

월마트의 성공은 톱다운의 강력한 리더십과 바텀업의 창의적인 현장 아이디어가 조화를 이룬 결과다. 그리고 비즈니스 모델의 근본적인 혁신에서 시작했다. CEO가 중심이 된 전략적인 방향 설정과 함께 현장 직원의 혁신적인 아이디어를 적극적으로 수용하고 실행하는 애자일 조직문화가 핵심이었다.

전국의 월마트 점포들은 기존 판매 공간에서 디지털 채널을 위한 첨단 물류센터이자 혁신적인 픽업 포인트로 진화했다. 이러한 변화는 경영진의 전략적 결정뿐만 아니라 현장 직원의 창의적인 제안과 실행력이 결합해 가능했다. 매장 직원의 아이디어를 통해 온라인 주문-매장 픽업 시스템을 개선하고 배송 프로세스를 혁신적으로 재설계할 수 있었다. 우리나라 기업의 경영진이 주목해야 할 핵심은 바로 이러한 혁신의 조건들이다.

첫째, CEO의 강력하고 일관된 리더십은 절대적으로 중요하다. 월마트 경영진은 디지털 전환을 단순한 기술 도입이 아니라 기업 전체의 근본적인 변화로 인식했다. 둘째, 조직 내부의 사일로를 깨고 전사적인 협력 체계를 구축해야 한다. 월마트는 기존 사업 부서들이 새로운 디지털 전략에 소극적이거나 방어적이지 않도록 성과 평가 체계와 인센티브 제도를 혁신적으로 재설계했다. 셋째, 혁신에 동참하는 문화가 조직의 모든 계층에서 발현해야 한다. 그러기 위해서는 실패를 용인하는 문화와 직원의 창의적인 아이디어를 적극적으로 경청하고 실행하는 프로세스가 필요하다. 월마트는 디지털 혁신 제안 프로그램을 통해 현장의 목소리를 경영 전략에 반영했고 이는 조직 전체의 혁신 동기를 부여했다. 특히 코로나19 상황에서 월마트의 디지털 전략이 얼마나 선제적이고 혁신적이었는지가 증명됐다. 미리 준비해온 디지털 인프라 덕분에 위기가 오히려 성장의 기회로 전환됐다. 기존 오프라인 매장 직원도 새로운 역할을 부여받아 디지털 전환의 핵심 주체로 거듭났다.

우리나라 기업들이 월마트의 디지털 전환에서 반드시 배워야 할 점은 디지털 전환이 단순한 기술 도입이 아니라는 것이다. 고객 경험을 근본적으로 재설계하고 조직문화와 프로세스를 혁신해야 한다. 데이터 기반 의사결정, 디지털 전문성을 가진 인재 영입, 실패를 두려워하지 않는 도전 정신이 필요하다.

디지털 전환을 넘어 인공지능 전환은 이제 기업의 생존을 위한 필수 전략이 됐다. 월마트의 사례는 우리에게 변화를 두려워하지 말고 오히려 적극적으로 포용하라는 강한 메시지를 전한다. 기업의 미래는 과거의 성공을 답습하는 데 있지 않다. 끊임없이 혁신하고 고객의 변화하는 니즈에 조직 전체가 민첩하게 대응하는 것에 달려 있다.

월마트의 사례는 톱다운의 견고한 리더십과 바텀업의 창의적인 아이디어가 조화를 이루는 애자일 조직문화와 모든 구성원이 혁신에 동참하는 문화야말로 미래 기업 경쟁력의 핵심임을 분명히 보여준다.

3부

고객 경험 혁신

성공 비결 6

옴니채널
: 강점을 살려 변신한다

월마트는 어떻게 디지털 거인 아마존을 압도했는가

●●●●●

월마트의 디지털 전환 전략은 한마디로 하면 '옴니채널' 전략이다. 옴니채널이라는 단어는 사실 새롭지 않다. 미국에서 전자제품 매장을 운영하는 대규모 유통업체 베스트바이가 2003년부터 사용하기 시작했다. 국내에서도 이미 10년 전부터 쓰고 있다. 그런데 같은 옴니채널 전략을 추진하더라도 국내 대기업과 월마트는 차이를 보이고 있다. 국내 대기업들은 아직 디지털 전환이 진행 중이고 많은 투자를 했음에도 온라인과 오프라인을 넘나드는 매끄러운 고객 경험을 제대로 제공하지 못하고 있다. 그에 반해 월마트는 식품 소매 분야에서 이커머스를 포함해 디지털 거인 아마존을 (어떤 면에서는) 압도하며 승승장구하고 있다.

미국의 많은 기업과 국내 기업들은 이제 식상한 단어가 돼버린 옴니채널을 왜 구현하지 못했을까? 옴니채널의 정의, 구현 방식, 이를 위해 확보한 역량과 프로세스 혁신, 결과적으로 확장된 비즈니스 모델까지 월마트의 디지털 전환 성공 방정식에서 그 답을 찾아보고자 한다.

옴니채널 전략은 대부분의 전문 소매기업들이 보유한 강점인 유통, 상품 전문성, 물류 인프라, 오프라인 매장 접근성에 더해 새롭게 구축한 이커머스의 강점을 결합한 전략이다. 즉 온라인에서만 승부하는 이커머스 플랫폼 대비 더 편리하고 좋은 쇼핑 경험을 제공하고자 하는 전통적인 소매기업들의 전략이다. 전략 자체로만 보면 이미 회원을 확보한 오프라인 소매기업이 이커머스 역량까지 갖춰 고객에게 일관된 쇼핑 경험을 제공할 수 있다면 온라인에서만 승부하는 디지털 네이티브 기업보다 훨씬 더 나은 고객 경험을 제공할 수 있다는 말은 사실처럼 들린다. 하지만 어떤 방식으로 실현하는지가 매우 중요하다.

미국의 월마트와 한국의 이마트를 비교해보자. 이마트는 신세계그룹에서 운영하는 모든 온라인 쇼핑몰을 쓱닷컴에 통합했다. 그리고 이마트의 오프라인 매장과 이커머스 간에 시너지를 추구했다. 오픈마켓 플랫폼 G마켓과 옥션까지 인수하며 이커머스 강화에 초점을 맞췄다. 월마트도 이커머스 사업부를 강화하기 위해 이커머스의 두 가지 핵심 역량을 강화했다. 이커머스 전문 인력을 확보하고 이커머스 전문 업체를 인수한 것이다. 이마트와 월마트는 오프라인 역량을 기반으로 이커머스를 강화해 전문 인력을 확보하고 오프라인 매장과 이커머스몰 간의 시너지를 추구한 전략은 같았다. 하지만 결과는 매우 달랐다. 이러한 상이한 결과는 이마트가 '이커머스 사이트의 통합'에 집중한 반면에 월마트는 '고객 쇼핑 경험의 통합과 연결'에 집중한 차이였다고 할 수 있다.

이마트와 월마트의 오프라인과 이커머스몰 간 시너지 추구 전략

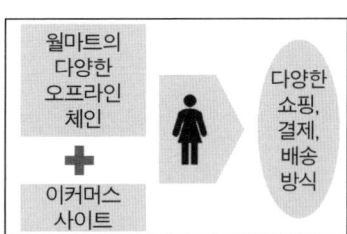

결과적으로 월마트는 비즈니스 모델을 디지털로 전환하는 데 성공했다. 나아가 오프라인뿐만 아니라 온라인 플랫폼에서도 핵심 경쟁우위를 확보하고 있다. 하지만 이마트는 디지털 전환에 성공하지도 못했고 온라인에서 확보했던 인지도와 시장 지위도 점점 더 잃어가고 있는 모습이다. 왜 이런 상반된 결과에 이른 것일까? 이 두 기업의 차이는 4가지로 설명할 수 있다.

첫 번째, 옴니채널에 대한 관점과 실행 방식의 차이다. 이마트는 여러 이커머스 사이트들을 통합해 하나의 이커머스 사이트인 SSG닷컴으로 만들고 오프라인과 온라인 쇼핑을 통합하는 데 집중했다. 즉 물리적 통합에 집중했다. 하지만 월마트는 초점을 고객 경험을 통합하고 연결하는 데 두었다. 쇼핑 채널의 통합이라는 기반 위에 통합된 채널 간에 고객 경험의 '연결'이 있느냐 없느냐가 가장 큰 차이인 것이다.

두 번째, 이커머스 핵심 경쟁력에 대한 차별화 포인트 여부다. 이마트는 대형마트의 정체성과 온라인 쇼핑의 정체성인 가격과 프로모션에 지속적으로 초점을 두었다. 반면 월마트는 이커머스의 핵심 경쟁력을 배송과 쇼핑 편의성에 두었다. 대형마트와 온라인 소매에서 가격 경쟁력은 가장 큰 무기다. 하지만 대부분의 기업이 따라 할 수 있어 차별화가 어렵다. 대부분의 이커머스가 최저가 판매와 이벤트에 집중할 때 월마트는 고객의 쇼핑 경험의 연결과 배송 경험의 혁신을 가장 중요한 경쟁력으로 보고 차별화를 이룰 수 있었다.

세 번째, 고객 록인Lock-in 전략의 유무다. 이마트는 디지털 전환 시대에 필요한 성공 방정식인 고객 록인 전략이 없다. 월마트는 디지털 세상과 물리적 쇼핑 모두에서 고객 록인에 집중했다. 다양한 소비자 정책과 유료 멤버십을 도입해 반복 구매를 유도하며 고객 충성도를 확보했다.

네 번째, 플랫폼 사업의 성공을 위한 디지털 수익 모델의 창출 여부다. 이마트의 비즈니스 모델은 기존 오프라인 소매를 통한 수익 창출 외에 추가적인 디지털 수익 모델이 없다. 데이터 수집과 활용에도 특별한 투자가 없었다. 하지만 월마트는 온라인과 오프라인 플랫폼을 활용한 다양한 신규 비즈니스 모델을 개발했다. 결국 이 비즈니스 모델들은 주요 사업의 판매 경쟁력을 키웠고 추가적인 수익 창출 파이프라인이 됐다. 여기에서 고객 데이터의 통합과 인공지능 활용은 필수적인 사항이었다.

옴니채널 전략의 핵심은 고객의 자유로운 쇼핑이다
●●●●●

더그 맥밀런 CEO가 추진한 디지털 전환 계획의 핵심은 월마트를 하나로 통합하는 '원-월마트One-Walmart' 구축이다. 그래서 오프라인과 온라인을 옴니채널로 통합하고자 했고 신속하게 투자 포트폴리오를 재편해 옴니채널 프로세스 구축에 집중했다. 월마트의 옴니채널 전략의 핵심은 기존 오프라인 매장의 경쟁력 위에 온라인의 강점인 '신속함'을 결합하는 것이었다. 이를 통해 고객이 언제 어디서든 원하는 형태로 자유롭게 쇼핑할 수 있게 하는 것을 목표로 했다. 그것도 고객이 원한다면 가장 빠른 방법으로 말이다.

하지만 뼛속부터 오프라인 기업인 월마트가 한 번에 모든 것을 이룰 수는 없었다. 그래서 월마트 옴니채널의 출발도 이커머스 플랫폼 역량을 확보하는 것에서 시작했다. 더그 맥밀런이 CEO로 취임했던 2014년 월마트는 전 세계 27개국에 1만 1,000여 개 매장에 220만 명의 직원을 둔 초거대 공룡 기업이었다. 월마트 매장 전체 면적을 합하면 뉴욕 맨해튼 면적의 2배에 가까울 정도였다. 취임 초기 더그 맥밀런은 먼저 온라인 사업부 인력을 확충하고 취급 상품 수를 대폭 늘려 이커머스 사업부 규모를 키웠다. 2015년 말 기준으로 2011년 대비 인력은 5배, 취급 상품 수는 10배 규모로 커졌다.

2016년에는 이커머스의 핵심 기술을 갖춘 플랫폼 업체들을 인수했다. 온라인 쇼핑몰 제트닷컴을 33억 달러(약 3조 6,800억 원)에 인수했다. 당시로서는 상당히 큰 금액이었다. 심지어 초기 스타트업이었다. 제트닷컴의 중개 모델은 데이터와 인공지능을 활용해서 소비자가 가장 낮은 가격으로 상품을 구매할 수 있는 인근의 소매업체를 추천하고 해당 업체에서 연관 상품을 추가로 구매하도록 유도하는 것이었다. 월마트는 제트닷컴을 인수함으로써 데이터와 인공지능 활용 역량을 확보했다. 2017년에는 슈바이와 무스조를 인수하고 2018년에는 플립카트를 인수하는 등 이커머스 기업들을 계속 흡수하며 다양한 역량을 확보했다.

월마트는 1999년부터 40개 기업을 인수했는데 2016년 이후로 29건의 인수합병이 성사됐다. 인수 건당 평균 금액은 27억 8,000만 달러였다. 인수를 가장 많이 한 해는 2022년으로 6건의 인수가 있었다. 기업 인수는 미국에 국한되지 않고 10여 개국에서 이뤄졌다. 대부분은 이커머스 관련 기업과 패션 및 액세서리 부문 온라인 소매업체다.

월마트는 자체적으로 이커머스 인력과 상품 수를 확대하는 동시에 다양한 이커머스 업체를 인수하면서 이커머스 DNA를 계속 강화했다. 이는 오프라인 기업인 월마트가 아마존, 알리바바 등 플랫

월마트의 주요 이커머스 업체 인수 현황 (2016~2021년)

2016	제트닷컴	지역별 소비자를 대상으로 인공지능 알고리즘을 통해 상품을 최저가로 구매할 수 있게 소매업체를 추천하는 플랫폼. 33억 달러에 인수. 월마트의 배송 혁신을 주도.
2017	슈바이	신발 및 액세서리 온라인 소매업체. 2020년에 매각.
2017	보노보스	남성복 온라인 소매업체. 젊은 고소득층 고객을 유치할 목적으로 3억 1,000만 달러에 인수. 2023년 매각.
2017	모드클로스	여성복 온라인 소매업체. 2019년 매각.
2017	무스조	아웃도어 온라인 소매업체. 온라인 시장에서 영향력을 확대할 목적으로 5,100만 달러에 인수. 2023년 매각.
2017	파슬	물류 및 당일 배송 기업. 뉴욕시에서 배송 역량을 강화할 목적으로 인수.
2018	플립카트	인도 최대 이커머스 업체. 인도시장에서 입지를 확보할 목적으로 160억 달러에 인수.
2018	베어 네세서티즈	란제리 및 수영복 온라인 소매업체. 2020년 매각.
2019	아스펙티바	머신러닝과 자연어 처리에 중점을 둔 이스라엘 스타트업.
2021	메모미	증강현실을 이용한 가상 착용 기술을 보유한 스타트업. 몰입형 기술로 온라인 쇼핑 경험을 향상할 목적으로 인수.

폼 기반의 온라인 유통업체와 경쟁하는 데 필요한 과정이었다. 온라인 플랫폼, 데이터, 인공지능 기술에서 경쟁업체들의 압도적인 경쟁력에 대응해야 하는 상황이었기 때문이다.

플랫폼, 데이터, 인공지능 역량은 오프라인 기업인 월마트가 혼자 단기적으로 강화하기 힘든 영역이다. 월마트는 이커머스 사업 포트폴리오를 확대하면서 2016년 인수한 제트닷컴의 CEO였던 마크 로어에게 이후 온라인 사업을 맡겨 옴니채널을 위한 이커머스의 기본 체력도 강화했다. 마크 로어는 제트닷컴의 창립자로 가장 잘 알려져 있으며 2011년 아마존에 인수된 퀴드시Quidsi를 설립하기도 했다.

오프라인 매장의 경쟁력 위에 온라인 강점을 결합했다
●●●●●

월마트는 오프라인 매장의 경쟁력 위에 온라인의 강점인 스피드를 결합하고자 했다. '원－월마트One-Walmart' 옴니채널은 고객이 매장을 방문하든 온라인으로 주문하든 언제 어디서나 편리하게 쇼핑하는 것을 목표로 했다. 그러기 위해 이커머스 경쟁력뿐만 아니라 오프라인 매장 개선에도 투자를 많이 했다. 중요한 것은 오프라인 매장 개선이 오프라인 쇼핑의 고객 경험을 개선하기 위함이 아니라 온라인 쇼핑의 고객 경험과 통합하기 위함이라는 것이다.

옴니채널 전략 아래 월마트는 주문과 배송에서 O2O를 적극적으로 추진했다. 온라인에서 오프라인으로Online to Offline, 오프라인에서 온라인으로Offline to Online 양방향 혁신을 모두 도입하며 온라인과 오프라인 통합 작업을 빠르게 진행했다. 통합 방식은 구매 및 주문 후 배송을 매끄럽고 편리하게 연결하는 것이었다. 월마트의 통합 방식은 기업이 편리한 것이 아니라 소비자가 편리한 방식대로 배송 옵션을 다양화하는 것이었다. 현재 월마트에서는 고객이 온라인 주문-매장 픽업, 온라인 주문-주차장 픽업, 온라인 주문-일반 배송, 온라인 주문-빠른 배송, 온라인 주문-신선 배송 중에서

월마트 매장의 픽업센터 입구

미국 월마트 유형별 매장 수 (2025년 4월 기준)

슈퍼센터	디스카운트 스토어	네이버후드 마켓	샘스클럽	소형 점포	합계
3,559	355	671	600	20	5,205

샘스클럽 제외 시 4,605개

원하는 배송 옵션을 선택할 수 있다.

온라인 주문-매장 픽업BOPIS, Buy Online, Pick Up in Store은 고객이 온라인에서 주문하고 고객이 매장 입구의 픽업센터에서 준비된 상품을 직접 가져가는 방식이다. 온라인 주문-주차장 픽업은 '커브사이드 픽업Curbside Pickup'라고 한다. 온라인 주문-매장 픽업처럼 물건을 가져가려고 매장으로 들어갈 필요가 없다. 물론 월마트만의 방식은 아니지만 온라인으로 주문 후 월마트 매장으로 가서 커브사이드 픽업 구역에 주차하면 매장 직원이 고객이 주문한 상품을 갖고 나와 고객 차량의 트렁크에 실어주는 방식이다.

월마트 픽업 서비스인 커브사이드 픽업

(출처: 월마트 홈페이지)

온라인 주문-매장 픽업과 커브사이드 픽업은 소비자와 소매업체 모두를 만족시키는 매우 편리한 쇼핑 방식이다. 오프라인 쇼핑과 온라인 쇼핑의 장점이 결합된 방식으로 소비자가 더 편리하게 쇼핑할 수 있다. 미국에서는 주문은 온라인에서 하고 픽업은 오프라인에서 하는 이러한 쇼핑 방식을 온라인이나 이커머스보다 디지털이라고 주로 표현한다.

일반적으로 온라인에서 쇼핑하면 결제 후 아무리 빨라도 익일배송만 가능하다. 오프라인 매장에서 쇼핑하면 넓은 매장을 돌아다녀야 하는 번거로움이 있다. 하지만 온라인 주문-매장 픽업과 커브사이드 픽업은 고객이 온라인으로 주문하면 불과 2~4시간 후에 매장에 들어가지 않고도 매장 입구나 주차장에서 상품을 가져갈 수 있다.

신선식품은 온라인 주문 후 배송까지 시간이 걸리기 때문에 소비자가 상품의 신선도에 신경을 쓰지 않을 수가 없다. 인스타카트Instacart, 도어대시DoorDash, 우버잇츠Uber Eats 등 구매대행 서비스를 이용하면 매장에 갈 필요 없이 빠른 시간에 상품을 받을 수 있지만 배달 비용이 많이 든다. 무엇보다 상품이 매장에서 나와 소비자의 집까지 배달되는 동안 판매자와 소비자의 눈에서 벗어나 있게 된다. 하지만 온라인 주문-매장 픽업과 커브사이드 픽업은 소비자가 상품을 가져갈 때까지 판매자가 상품을 보관하고 있고 소비자가 받는 즉시 소비자의 손에 있기 때문에 상품과 판매자를 신뢰할 수 있다.

월마트가 업계 최초로 커브사이드 픽업 시스템을 시범적으로 도입한 것은 2013년이었다. 하지만 온라인 주문-매장 픽업, 커브사이드 픽업 시스템을 월마트와 미국 대형 소매업체들이 적극적으로 활용한 것은 코로나19 기간이었다. 코로나바이러스 감염을 우려한 소비자들이 비접촉No Touch 혹은 최소한 접촉Low Touch으로 상품을 구매하고자 했기 때문이다. 매장에 들어가지 않고도 주문한 상품을 매장 입구에서 가져가거나 주차장에서 직원이 차 트렁크에 실어주는 방식은 소비자와 소매업체 모두에게 너무나 중요하고 절실한 구매 방식이자 판매 방식이었다.

월마트는 고객이 편리하게 주문하고 매장에서 빠르게 픽업하게 함으로써 편의성 제공, 매출 증가, 배송 비용 절감을 한 번에 이뤄

매장 내 픽업 구역

널 수 있었다. 기존 점포 배송은 배송 가능한 용량이 정해져 있어 규정된 용량을 넘어섰을 때 추가 비용이 발생하거나 주문이 불가능한 문제가 발생한다. 하지만 픽업 방식은 배송 문제와 주문 한도를 고민하지 않아도 된다. 게다가 매장이 폐점한 시간대에도 상품을 판매할 수 있게 돼 매장의 운영 효율이 높아진다. 사실 팬데믹 이후 픽업 방식의 쇼핑은 많이 줄어들었다. 하지만 고객과 판매자 모두에게 매우 유용한 방식임에는 틀림이 없다.

월마트는 2019년에 미국 동부 뉴햄프셔주 세일럼에서 월마트 매장을 지역 물류센터로 활용하는 최초의 시도를 했다. 다음 해에는 아마존 프라임 서비스와 경쟁하기 위해 '월마트 플러스' 서비스를 선보였고 오프라인 매장을 활용해 온라인 배송을 지원했다. 이어서 '마켓물류센터'라는 개념으로 수십 개 매장을 첨단 창고로 전

월마트의 픽업 서비스 광고

(출처: 월마트 홈페이지)

환해 '마켓풀필먼트센터Market Fulfillment Centers'라고 부르며 새로운
첨단 유통센터와 기존 유통센터를 확장해 매장과의 식품 공급 네
트워크를 확대하고 공급망을 간소화했다.

이에 따라 월마트는 미국 전역의 4,600여 개 매장(샘스클럽 600개
제외 시)을 대상으로 쇼핑 공간이자 동시에 온라인용 주문처리센터
겸 배송센터로 전환하고 있다. 5,200여 개 매장 중 약 87%에 이르
는 4,500여 개 매장을 픽업 지점으로 이용하고 74%인 3,800여 개
매장은 당일 배송 서비스가 가능한 주요 거점으로 바꾸었다. 그리
고 라스트마일[1]을 위해 1만 개 '스파크 딜리버리' 지점을 세웠다.
이는 미국 전체 가구의 84%를 포괄하는 배송 시스템이다.[2] 이 배
송 시스템은 배송 플랫폼 스파크 드라이버Spark Driver와 파트너십을

맺어 운영한다. 스파크 드라이버 앱에 등록된 개인 운전자가 월마트 고객이 주문한 상품을 배송하도록 해 월마트 고객은 빠르게 원하는 상품을 받을 수 있게 됐다.

이와 함께 생필품을 2시간 내 배달하는 서비스인 '인홈 딜리버리In-Home Delivery'도 출시했다. 인홈 딜리버리 서비스 가격은 월 19.95달러다. 연간 결제는 149달러다. 인홈 딜리버리는 집 안에까지 신선식품을 배달하는 서비스다. 집 앞까지만 상품을 배달하면 상온에 놓여 있다가 상하는 경우가 있어서 이를 방지하는 서비스를 내놓은 것이다.[3]

월마트 플러스 가입자는 10달러만 추가로 부담하면 인홈 딜리버리 서비스를 이용할 수 있다. 월마트는 대부분의 미국 소비자가 월마트 매장에서 10~15킬로미터 이내에 거주하고 있다는 점과 매장은 항시 신선식품이 진열되어 있다는 점에 착안해서 매장을 배송 옵션이 다양한 최적의 쇼핑 장소가 되도록 한 것이다.

대부분의 네이버후드 마켓과 슈퍼센터에는 고객의 주문 상품을 미리 담아두어 고객이 바로 가져갈 수 있도록 한 픽업 스테이션이 있다. 그 때문에 고객들은 월마트 웹사이트와 모바일 앱 어디에서든 주문하고 가까운 픽업 점포를 선택하면 된다. 월마트는 다양한 배송 옵션 전략을 취함으로써 코로나19 기간에 다른 소매업체들이 매장 문을 닫아야 할 때 오히려 고객이 늘어나는 효과를 보았다. 이에 따라 실업률이 증가하던 코로나19 기간에 시간제 근로자 23만 5,000명을 추가로 고용했다.[4]

온라인 주문 후 매장 픽업과 커브사이드 픽업으로 승부했다

●●●●●●

미국의 식료품 유통 전문 컨설팅 기업 브릭미츠클릭Brick Meets Click에 따르면 코로나19 발생 이전인 2019년 8월에는 미국 전체 가구의 13%인 1,600만 가구만이 식료품 구매 시 배달이나 픽업 서비스를 이용했다. 하지만 코로나19가 시작된 2020년 3월에는 31%인 4,000만 가구가 온라인을 통해 식료품 배달이나 픽업 서비스를 이용한 것으로 조사됐다. 이는 7개월 만에 무려 2.5배나 증가한 수치다. 온라인과 오프라인의 쇼핑 기능을 통합함으로써 월마트는 오프라인 매장에 대한 소비자의 트래픽이 가장 적었던 코로나19 시기에 오히려 실적이 상승하는 기회를 잡을 수 있었다. 비대면으로 급속히 전환된 팬데믹 시기에 사람들은 온라인 소매기업인 아마존이 가장 큰 수혜를 보았을 것으로 예상했다. 그런데 실제로는 오프라인 기업이었던 월마트가 가장 큰 혜택을 받았다.[5] 팬데믹 이전부터 준비해온 오프라인과 온라인 통합 전략 덕분이었다.

준비된 디지털 전환에 힘입어 코로나19가 발생한 2020년 아마존의 기록적인 매출 상승과 함께 미국의 많은 대형 식품 소매업체들이 높은 매출 상승을 보였다. 월마트도 예외가 아니었다. 월마트는 2019년 대비 매출이 8.49% 증가했으며 영업이익은 1~3분기 45%, 4분기는 무려 56%가 증가했고 순이익도 80.6%가 늘어 역대 최고 실적을 달성했다. 금액 기준으로는 매출과 이익 모두 오프라인 소매업체 중 최고를 기록했다.

월마트 성장의 가장 큰 공신은 물론 온라인이었다. 코로나19 발생 시점인 2020년 1분기에 월마트의 온라인 매출은 전년 동기 대비 74% 성장했다. 하지만 온라인 자체 경쟁력만으로 창출한 성과는 아니었다. 온라인 주문-매장 픽업과 커브사이드 픽업이 큰 인기를 끌었다. 고객이 온라인으로 주문하고 나서 매장을 방문해 매장 입구에서 상품을 픽업할 수 있었다. 또는 직원이 고객의 차 트렁크에 직접 물건을 실어주었다. 고객은 배송을 기다릴 필요가 없었고 월마트는 배송 비용을 지출할 필요가 없었다. 사실 팬데믹 기간에 오프라인 쇼핑이 줄면서 아마존도 2020년 매출액 증가율이 43.28%를 보였다. 하지만 오프라인 업체로서 온라인을 강화하던 월마트의 준비된 옴니채널 전략은 빛을 발하게 된다.

아마존은 코로나19 초기였던 2020년 5월에 150개 홀푸드마켓 매장에서 월마트와 같은 방식의 픽업 서비스를 시작하며 옴니채널 전략을 구사하고자 했다. 하지만 홀푸드마켓은 당시 487개에 불과했기에 월마트가 가진 오프라인 매장 접근성과는 비교가 되지 않았다. 아마존은 이전까지 신선식품 배송에 대한 실험을 해왔다. 그런데도 2019년이 되어서야 처음으로 아마존 프라임 회원을 대상으로 아마존 프레시 서비스를 추가 요금 없이 제공했다. 하지만 월마트는 코로나19 이전부터 옴니채널을 활용해 신선식품을 포함한 식료품 배송과 픽업 서비스를 제공해왔다. 그로 인해 고객 수요가 폭발적으로 증가했고 이를 처리하기 위한 직원 확보가 문제일 정도였다. 코로나19가 발생했던 2020년 초 월마트 앱의 다운로드,

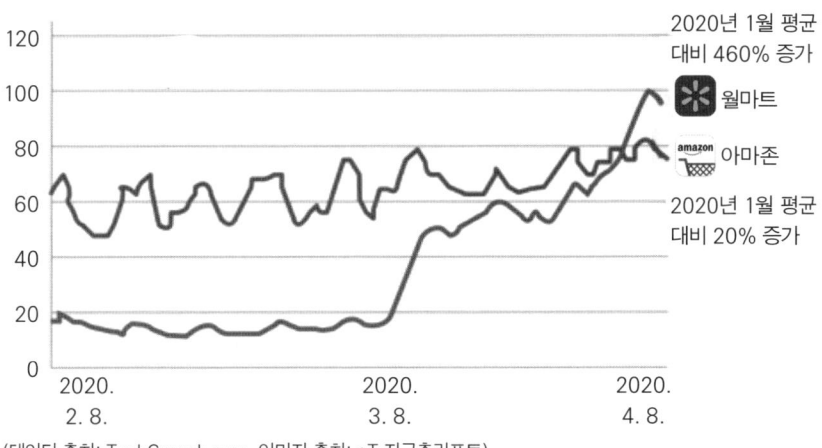

코로나19 시기인 2020년 초 앱 다운로드 수 비교

2020년 1월 평균
대비 460% 증가

월마트

아마존

2020년 1월 평균
대비 20% 증가

(데이터 출처: TechCrunch.com, 이미지 출처: aT 지구촌리포트)

매출, 이익은 모두 아마존을 뛰어넘었다. 월마트는 코로나19 초기
에 성공적으로 대응한 결과 아마존과의 경쟁에서 상당 기간 우위
를 확보할 수 있었다.

코로나19 때 이커머스와 옴니채널 배송 방식으로 부활했다

●●●●●

월마트의 매출은 코로나19 기간을 거치며 매년 상승하고 있다.
여기에 월마트의 이커머스와 옴니채널 배송 방식이 크게 기여했
음은 말할 것도 없다. 2022년 4분기 실적 발표에서 더그 맥밀런
CEO는 다음과 같이 발표했다.

"월마트는 하이브리드 매장이 됐고 2022년 4분기에만 매장 주

문 건수가 전년 대비 500% 이상 증가했다."

월마트의 글로벌 매출에서 이커머스 비중은 코로나19 초기인 2020년 12.3%를 시작으로 2021년 18.0%, 2022년 18.7%, 2023년 19.4%, 2024년 20.1%까지 증가했다. 한때는 아마존이 프라임 회원들에게 2일 이내 무료 배송을 실시하자 많은 사람이 우려했다. 아마존이 미국 이커머스 시장을 완벽히 장악하며 전통적인 오프라인 식품 소매업체는 대부분 몰락의 길을 걸을 것으로 예상했다. 하지만 월마트는 일찍이 옴니채널과 하이브리드 쇼핑 방식을 도입해 이커머스 시장에서도 굳건하게 위상을 확보하고 있다.

월마트는 오프라인 매장 접근성 개선과 온라인과 오프라인을 통합하는 디지털 혁신을 통해 당일 배송 서비스뿐만 아니라 매장 픽업 서비스 등 소비자에게 다양한 선택권을 제공했다. 그리고 필요한 상품을 빠르게 받고자 하는 소비자의 니즈에 대응하며 디지털 전환 후 오히려 더욱 강력한 소매업체로 변신했다.

월마트가 이커머스 시장을 확대한 비결은 바로 오프라인 매장이었다.[6] 정확히는 오프라인 매장이 픽업센터가 된 덕분이다. 월마트는 미국 인구의 90%가 집에서 10마일(16킬로미터) 내에 월마트가 있을 만큼 많은 매장을 보유하고 있다. 그중에서도 월마트 매장이 많은 지역은 텍사스주(514개), 플로리다주(341개), 캘리포니아주(273개) 순이다.

월마트는 2025년 4월 기준 미국 내 5,205개 매장(샘스클럽 600개 제외 시 4,605개)을 가지고 있다. 이는 2024년 대비 10개가 줄어든

미국 월마트 매장 분포 (2025년 3월 기준)

4,605
샘스클럽을 제외한
매장 수

52
50개 주, 1개 특별구,
1개 자치령

2,639
월마트가 있는 도시

(출처: 스크레이프히어로)

숫자다. 2024년에 월마트의 오프라인 매장은 102개가 줄었다. 국내 오프라인 대형마트 점포 수가 줄어드는 것과 비슷하다. 하지만 월마트 오프라인 매장은 여전히 대다수 미국 가구를 포괄하고 있다. 월마트는 이커머스로 쇼핑 습관이 변화되는 시기에 오히려 고객이 배송과 픽업을 원하는 대로 선택하게 해 편의성을 높임으로써 고객의 선택을 받았다.

월마트 오프라인 매장 현황 (2012~2025년)

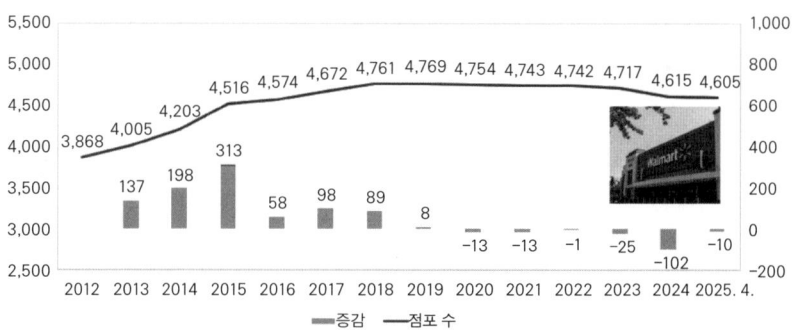

샘스클럽 600개 제외 (출처: 월마트)

성공 비결 7

하이브리드 매장

: 점포와 직원의 역할이 바뀐다

오프라인 매장의 경쟁력을 활용하는 전략을 세웠다

●●●●●

월마트의 옴니채널 전략의 핵심은 이커머스와 오프라인 매장이다. 이커머스로만 경쟁했다면 아마존을 앞설 수 없었을 것이다. 아마존이 압도적인 경쟁우위를 이미 가지고 있었기 때문이다. 그래서 월마트는 본연의 매장 경쟁력을 활용하는 전략을 세웠다. 아마존이 가질 수 없는 월마트의 '오프라인 매장 접근성' 위에 '온라인의 속도'를 더해 이커머스 공룡인 아마존보다 우위를 점하고자 했다.

이를 위해 월마트는 오프라인 역량 역시 혁신을 추진했다. 오프라인 매장을 이커머스를 위한 최적화된 전진기지로 바꾸고자 했다. 온라인과 오프라인의 경계를 허문 매끄러운 고객 경험은 오프라인 매장에서의 쇼핑 경험을 혁신하고 최적의 디지털 기술을 도입함으로써 비로소 완성할 수 있었다.

월마트는 옴니채널 전략에 맞는 신규 매장 포맷을 개발하고 리모델링을 적극 추진했다. 2016년 세계적인 신용평가 회사 무디스 Moody's는 소매기업이 오프라인 매장 한 곳을 폐점할 경우 같은 지역에서의 온라인 매출도 함께 감소한다는 조사 결과를 발표했다. 오프라인 매장이 없어졌으니 온라인 매출이 상대적으로 오를 것이라는 통념을 깬 조사 결과였다. 이 조사는 오프라인 매장이 온라인 매출에 영향을 준다는 것을 입증한다.[1]

월마트는 이커머스 매출 상승을 위해 이커머스 플랫폼에 신기술을 강화하는 것으로 그치지 않았다. 오프라인 매장을 이커머스 사업에 최대한 도움이 되는 하이브리드 매장으로 개편했다. 월마트의 오프라인 매장 개편은 크게 3가지 관점에서 추진됐다. 이커머스 서비스의 편의성을 위한 매장 공간 혁신, 오프라인에 옴니채널을 위한 기술 도입, 옴니채널 서비스 경쟁력을 위한 상품 개편이다.

첫 번째, 월마트는 2018년에만 110억 달러(12조 1,000억 원)를 들여 약 500개 매장의 리모델링을 계획하고 추진했다. 주요 내용은 매장 진열 선반의 높이를 낮춰 고객들이 매장에서 원하는 상품을 진열한 코너를 찾아가기 쉽게 만들었다. 그리고 고객의 온라인 주문에 대응해 직원들이 편하게 물건을 피킹할 수 있도록 동선의 너비를 조정했다.

주차장과 매장 외부에는 이커머스 주문 고객을 위한 픽업센터와 키오스크를 만들어 고객이 온라인 주문 상품을 신속하고 편리하게 픽업하도록 했다. 월마트 매장을 하이브리드로 만들기 위해서는

월마트의 픽업센터

시스템과 업무 프로세스뿐만 아니라 그에 최적화된 매장 리모델링이 필수였다. 월마트는 오프라인 매장에 가장 중요한 쇼핑 공간을 줄이는 대신 이커머스 편의성 확대를 위한 매장으로 바꾸는 데 투자를 많이 했다.

픽업을 위한 매장 공간 최적화는 상품 픽업만을 고려해서는 안 된다. 고객이 픽업을 위해 매장 방문 시 추가로 쇼핑할 수도 있기 때문이다. 따라서 상품 픽업뿐만 아니라 쇼핑에도 도움이 되도록 동선을 최적화해야 한다. 픽업만 하는 고객을 위해 주차장에 커브사이드 픽업 공간을 확보하는 것 외에도 일부 점포는 드라이브 스루Drive Through를 위한 픽업 스테이션을 도입해 직원들이 주차장으로 가지 않고도 고객의 차량에 바로 상품을 실을 수 있도록 했다.

월마트는 지속적으로 매장 리모델링을 추진해서 2019년부터

2024년까지 미국 내 2,767개 매장을 바꾸었으며 2025년에도 650개를 리모델링할 계획을 세웠다.

두 번째, 매장에 옴니채널 기술을 도입한 대표적인 사례는 엔드리스 아일Endless Aisle과 스캔앤고Scan & Go 서비스다. 엔드리스 아일 서비스는 매장에서 편리하게 온라인 주문을 하도록 도와주는 O2O 기술이다. 매장에서 쇼핑하다 보면 사고 싶어도 대형 제품이라서 가져가기 어렵다거나 재고가 없어 사지 못하는 경우가 있다. 월마트는 이런 경우에 대응해 매장 내 키오스크 등 디지털 디스플레이를 통해 현재 선반에 없는 품목의 재고를 알아보고 없으면 주문해서 다른 날짜에 픽업하거나 배송받을 수 있도록 했다. 월마트의 입장에서는 엔드리스 아일 서비스를 통해 더 다양한 제품을 제공하고 과잉 재고 또는 재고 부족 문제를 잠재적으로 줄이며 매장에서 구하기 어려운 품목에 대한 접근성을 높일 수 있다.

또한 오프라인 현장에서의 온라인 주문은 대형 제품과 품절 제품의 판매에서 기회 손실을 방지하는 효과가 있다. 또한 고객이 현장에서 상품의 구매나 주문을 확인할 수 있기 때문에 해당 제품의 구매에 믿음과 만족감을 느껴 온라인 주문임에도 반품이나 취소를 할 가능성이 작다. 고객이 매장에서 쇼핑하면서도 온라인 쇼핑 서비스를 동시에 누릴 수 있도록 고객 구매 여정을 연결한 사례다.

스캔앤고 서비스는 오프라인 매장에서 고객이 쇼핑할 때 스마트폰 앱으로 상품을 스캔하고 결제할 수 있어 계산대에서 줄을 서지 않고 빠르게 매장을 나갈 수 있게 한 서비스다. 월마트 앱을 사용

월마트의 엔드리스 아일 서비스

고객이 대형 제품의 배송을 신청하거나 품절된 제품을 구매할 수 있도록 매장의 진열대 끝에 키오스크를 설치했다.

해 품목을 스캔하고 월마트 페이로 결제한 다음 지정된 통로를 따라 걷거나 키오스크에서 QR 코드를 스캔해 구매를 완료하는 방식이다. 비접촉 결제 환경을 제공하며 일반 계산대나 셀프 계산대에서 줄을 서지 않아 편리하다. 특히 사람들이 몰리는 시간대에는 시간을 많이 절약할 수 있다.

또한 월마트 앱은 고객이 매장에서 쇼핑 중에 원하는 상품을 찾도록 도와준다. 월마트 앱을 열면 '스토어 어시스턴트Store Assistant' 모드가 활성화되어 제품 검색창, 바코드 스캐너, 매장 지도 같은 기능에 빠르게 접근할 수 있다. 고객이 원하는 상품이 진열된 매장의 통로와 진열대를 보여줌으로써 위치를 정확하게 알려준다.

세 번째, 월마트는 옴니채널을 위한 상품 카테고리를 전략적으로 재편했다. 월마트가 강화한 카테고리는 식품, 육류, 베이커리 등 신선식품과 냉동제품군이다. 또한 유기농 제품의 재고 관리를 위해 재고관리단위도 늘렸다. 신선식품은 아마존과 같은 이커머스 업체가 경쟁력을 확보하기가 가장 어려운 제품군이면서 동시에 소비자가 매일 구매하는 필수품이다. 신선식품 2시간 배송과 같은 배송 서비스 혁신은 실질적으로 신선식품의 재고관리단위 확대와 품질 개선을 함께 진행했다.

옴니채널은 고객에게 매끄러운 쇼핑 경험을 제공했다

●●●●●

옴니채널의 개념을 명확히 이해하려면 먼저 '멀티채널' 개념을 이해해야 한다. 같이 출발했지만 개념이 다르다. 개념에 대한 이해 부족은 국내에서 옴니채널이 성공하지 못한 이유이기도 하다.

옴니채널은 라틴어로 '모든'을 뜻하는 '옴니Omni'와 기업이 소비자와 상호작용하는 모든 고객 접점과 유통 채널을 뜻하는 '채널Channel'의 합성어다. 현대에 옴니채널은 디지털화에 따라 물리적 매장뿐만 아니라 PC와 모바일상의 웹과 앱 등 다양한 유통 접점을 이용하는 고객이 어떤 채널에서든 동일하고 매끄러운 쇼핑 경험을 하도록 지원하는 전략이다.

유통은 기본적으로 규모의 경제가 작동한다. 그래서 다수의 점포를 만들어 거래 규모를 확장하는 것은 유통사업의 가장 큰 매력이자 경쟁력이다. 기존 아날로그 시장에서는 '동일한 유형'의 점포를 지역별로 확장하거나(다른 지역에 신규 점포를 출점하는 것) 유사한 상품군을 취급하는 '다른 유형'의 매장 형태를 추가해(대형마트가 중소형 슈퍼마켓이나 편의점 유통에 진출하는 것) 규모의 경제를 만들었다.

물리적인 매장의 확장은 기본적으로 상권이라고 불리는 해당 점포의 인근 지역에서 고객 수를 확장하는 것이다. 한 지역의 소비자는 상황에 따라 같은 기업의 점포 2~3개를 이용할 수 있다. 하지만 통상적으로는 근처에 있는 다른 회사의 점포도 이용하기 때문에 같은 기업 기준으로는 1~2개 점포만을 이용한다.

이커머스가 처음 생겼을 때 당시 전통적인 소매기업들은 이커머스를 다른 유형의 유통으로 생각했다. 따라서 초기에 오프라인 기업들은 오프라인 매장 상품을 자사의 온라인 채널을 통해 판매하는 개념으로 이커머스에 대응했다

다른 유형의 유통을 확장해 또 다른 쇼핑 접근 방식을 가지게 된 기업들은 소비자가 다양한 유형의 매장을 이용하고 다양한 채널로 쇼핑할 수 있도록 독려했다. 특히 기업들이 이런 다양한 유형의 유통 중 하나로 온라인몰을 오픈하면서 고객들에게 다양한 유통 접점을 복수로 이용할 수 있게 한 마케팅 개념이 '멀티채널'이다. 쉽게 말해 한 고객이 기업의 온라인과 오프라인을 모두 이용하게 함으로써 쇼핑 경험, 구매 빈도, 구매 금액을 확대하는 전략이다.

옴니채널은 기본적으로 멀티채널을 전제로 한다. 다양한 쇼핑

멀티채널 대 옴니채널

멀티채널

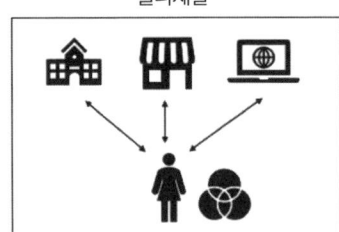

옴니채널

채널을 통합적으로 이용하게 한다는 측면에서는 같다. 하지만 둘
은 개념적으로 차이가 있다. 멀티채널에서는 각 유통 채널이 독립
적으로 운영되고 채널마다 독립적으로 고객과 소통하고 주문에 대
응한다. 이렇게 고객이 하나의 소매기업이 보유한 여러 채널을 중
복해서 이용하게 함으로써 고객의 전체 쇼핑 규모를 확대한다.

옴니채널도 고객이 여러 채널을 중복해서 이용하도록 해 전체
쇼핑 규모를 확대하게 한다는 점에서는 멀티채널과 같다. 하지만
옴니채널은 개별 채널의 성장보다는 기업 전체의 성장을 목표로
해 각 채널이 유기적으로 운영된다는 차이가 있다. 즉 멀티채널은
개별 채널 중심으로 사업을 진행하며 시너지를 확보한다. 반면 옴
니채널에서 개별 채널은 소비자의 쇼핑 경험을 매끄럽게 하기 위
해 다른 채널과 서로 연결하고 소비자가 자신의 상황에 맞게 다양
한 방식으로 이용할 수 있도록 돕는다. 개별 채널은 전체 쇼핑 환
경 중 일부인 것이다.

멀티채널 개념이 물리적이라면 옴니채널은 화학적 방식으로 고
객 구매 여정상의 채널들을 통합하는 개념이다. 대부분의 유통이

디지털 전환을 위해 접근하는 방식은 초기에 멀티채널 전략으로 온라인 채널을 오픈하는 데서 시작한다. 그리고 점점 각 채널의 역할을 연결하며 옴니채널 전략으로 전환한다. 모바일 환경과 데이터, 인공지능, 사물인터넷, 핀테크 등 각종 디지털 기술이 발전함에 따라 고객 여정의 통합과 연결이 점점 수월해지면서 옴니채널의 수준도 높아지는 추세다.

인터넷의 발달로 고객 구매 행동 패턴이 바뀌었다

●●●●●

옴니채널로 전환하는 이유는 소셜 네트워크의 영향으로 소비자와의 커뮤니케이션 채널이 오프라인에서 온라인으로 전환되고 고객 접점이 다양하게 확장된 것과 무관하지 않다.

전통적으로 소비자의 구매 행동을 유도하는 모델은 AIDMA 모델이었다. AIDMA는 1898년 E. S. 루이스가 제시한 고객 구매 행동 모델인 AIDA를 발전시킨 것이다. AIDMA는 주목Attention - 흥미 Interest - 욕구Desire - 기억Memory - 행동Action을 뜻한다. 기업이 광고와 커뮤니케이션을 통해 소비자의 주목을 받고 노출을 반복해 흥미와 욕구를 자극하면 소비자가 이를 기억했다가 추후 해당 상품을 구매하게 된다는 이론이다. 과거에는 소비자가 TV, 신문, 잡지 등 매스미디어를 통해 광고를 접하면서 상품에 대한 욕구를 느끼고 나중에 매장을 방문해 상품을 구매했다.

AIDMA 모델

주목 Attention		소비자가 특정 제품, 서비스, 브랜드에 대해 처음으로 알게 되는 단계. 광고, 홍보, 입소문 등 다양한 방법으로 제품에 대한 소비자의 주목을 받는 것이 중요하다.
관심 Interest		소비자가 해당 제품, 서비스, 브랜드에 관심을 가지기 시작하는 단계. 해당 제품, 서비스, 브랜드의 이미지, 특징, 가치, 혜택 등의 정보가 소비자의 관심을 유발하고 호감을 느끼도록 유명인을 모델로 활용한다.
욕구 Desire		소비자가 해당 제품, 서비스, 브랜드에 반복적으로 노출된 제품을 구매하고 싶은 욕구를 느끼는 단계.
기억 Memory		해당 제품, 서비스, 브랜드에 대한 정보가 소비자의 기억에 남거나 소비자가 제품에 대해 확신하는 단계.
행동 Action		소비자가 해당 제품, 서비스를 구매하는 최종 단계.

전통적인 마케팅에서 광고가 중요했던 이유는 소비자의 관심과 흥미를 끌어 브랜드를 기억에 새기기 위해서다. 그래야 쇼핑을 위해 매장에 간 순간 다양한 광고를 통해 기억 속에 각인된 브랜드를 한다. 광고의 역할은 소비자의 머릿속에 브랜드를 각인해 적절한 시점에 떠오르게 하고 행동을 일으키는 것이다.

그런데 인터넷의 발달로 전통적인 고객 구매 행동 패턴이 바뀌기 시작했다. 변화의 패턴은 크게 두 가지다. 하나는 커뮤니케이션 접점이 온라인으로 바뀌면서 소비자가 언제 어디서든 특정 브랜드와 상품에 노출되고 선택적 또는 비선택적으로 해당 브랜드와 제품에 대한 정보를 무작위로 얻게 됐다. 다른 하나는 구매를 위한 행동 단계가 짧아지고 오프라인 매장을 꼭 방문하지 않게 됐다. 욕

AISAS 모델

주목 Attention		소비자가 특정 제품, 서비스, 브랜드에 대해 처음으로 알게 되는 단계. 광고, 홍보, 입소문, 온라인 탐색 등 다양한 방식으로 제품, 서비스, 브랜드에 대해 알게 된다.
관심 Interest		소비자가 해당 제품, 서비스, 브랜드에 관심을 갖기 시작하는 단계. 해당 제품, 서비스, 브랜드의 이미지, 특징, 가치, 혜택 등의 정보가 소비자의 관심을 유발한다.
검색 Search		관심이 가는 제품, 서비스, 브랜드에 대해 SNS, 이커머스몰 등 다양한 온라인 채널을 통해 검색해 정보를 확인하고 제품에 대한 확신을 갖는 단계.
행동 Action		장바구니 담기, 결제 등 구매 행동을 하는 단계.
공유 Share		구매 후 해당 제품의 구매 경험이나 사용 경험을 다양한 채널을 통해 공유하는 단계.

구에서 행동으로 가기 위해 거쳐야 할 기억의 단계가 불필요해진 것으로 욕구는 바로 기억 없이 충동적인 구매로 연결되고 있다.

인터넷 시대가 초기를 지나 검색 플랫폼, 이커머스, 소셜 네트워크가 발전하면서 고객 구매 행동 단계도 AIDMA에서 AISAS로 바뀌었다. AISAS는 주목Attention - 흥미Interest - 검색Search - 행동Action - 공유Share를 의미한다. 인터넷 검색이 보편화되고 이커머스가 등장하면서 기존의 욕구, 기억, 행동의 세 단계가 검색, 행동 두 단계로 단축됐다. 그리고 소셜 네트워크가 등장한 이후로는 구매 이후 소비자의 행동이 점점 더 중요해졌다. 바로 공유다.

온라인과 소셜 네트워크의 발전으로 브랜드의 노출 기회가 엄청나게 증가했다. 이에 따라 기업들은 다양한 채널을 통해 소비자에

인터넷 등장 이후 고객 구매 행동 단계의 변화

오프라인 시대 AIDMA	주의 Attention	흥미 Interest	욕망 Desire	기억 Memory	행동 Action
			온라인에서의 행동 (검색과 구매)		
온라인 시대 AISAS	주의 Attention	흥미 Interest	검색 Search	행동 Action	공유 Share

게 브랜드와 제품을 노출하고 관심과 구매를 유도할 수 있게 됐다. 제품과 브랜드에 노출된 소비자가 흥미와 욕구를 느끼면 예전과 다르게 즉각적으로 구매하는 환경이 갖춰진 것이다. 이에 따라 기업은 소비자가 욕구를 느낀 시점에 구매 행동으로 매끄럽게 연결되도록 하는 것이 가장 중요한 미션이 됐다. 구매 행동이 일어나는 그 시점에 흥미와 구매 욕구를 동시에 느끼게 해야 하는 것이다.

소비자는 광고가 아니라 실제 이야기에 관심을 보인다
●●●●●

기업은 소셜 네트워크가 발달하고 사용자가 급증하자 일방적인 커뮤니케이션 방식에서 온라인을 통한 직접적이고 양방향적인 커뮤니케이션의 기회를 제공하는 방식으로 변화하고 있다. 특히 온라인상에서 제품과 서비스를 아무리 많이 노출해도 소비자들은 더 이상 기업의 광고에 귀기울이지 않는다. 소비자가 원하지 않는 시점에 쏟아지는 다양한 브랜드의 수많은 광고와 노출은 디지털 소

소비자 구매 행동 단계와 옴니채널

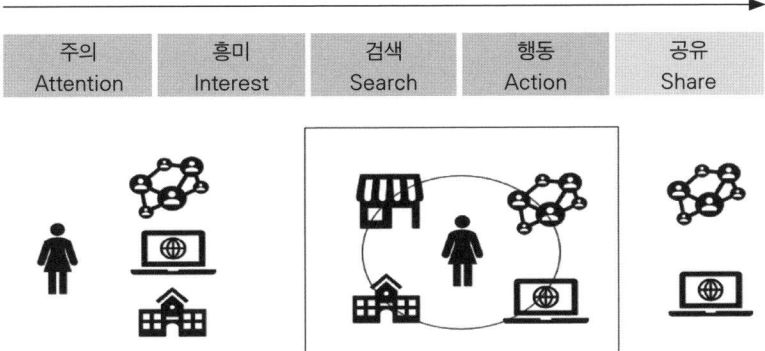

주의 Attention	흥미 Interest	검색 Search	행동 Action	공유 Share

음의 증가일 뿐이다. 이제 소비자는 더 이상 광고를 보지 않으며 믿지도 않는다. 반면 소비자가 공유하는 온라인상의 입소문Viral의 영향력은 점점 더 커지고 있다. 소비자는 광고가 아니라 실제 이야기에 관심이 있는 것이다.

많은 기업이 직접 페이스북, 인스타그램, 네이버 블로그 등에 소셜 네트워크를 운영하고 있으며 광고비 집행도 디지털 광고 비중이 더 커지고 있다. 소셜 네트워크와 디지털 광고 비중 확대는 자연스럽게 온라인 쇼핑 비중의 확대로 이어졌다. 검색하고 탐색하다가 욕구가 생기면 바로 구매하기 때문이다. 거기에 이커머스 사이트에서 결제 편의성, 배송 편의성, 가격 비교를 통한 최저가 혜택 등을 제공하므로 소비자는 점점 더 온라인으로 쇼핑 채널을 이동하고 있다. 디지털에 의한 이커머스 세상은 더 확대되고 있다.

소비자와 기업이 만나는 접점이 온·오프라인 판매 채널과 소셜 네트워크 등으로 다양해지고 있다. 여기에 더해 제품, 서비스, 브랜드에 대한 소비자의 자발적인 입소문이 점점 더 커지고 있다. 따라서 기업은 소비자와 연결된 모든 접점에서 최대한 빠르고 편리하게 구매 행동을 유도하고 입소문을 양산해 또 다른 소비자의 주의와 흥미를 끌어내는 활동을 강화해야 한다.

특히 빅데이터와 인공지능으로 일반 소비자 또는 잠재 고객이 어떤 채널에서 어떤 행동을 했는지 모두 데이터로 수집하고 분석하는 것이 가능해졌다. 그리고 구매 가능성이 있는 잠재 고객을 찾아 제품과 서비스를 더 많이 노출하고 즉각 구매로 유도할 수 있는 활동도 확대되고 있다. 채널 간 통합과 연결을 위한 옴니채널 전략이 점점 더 중요해지고 있다.

고객이 브랜드와 편하고 쉽게 연결되도록 해야 한다

●●●●●

마케팅에서는 더 이상 AIDMA나 AISAS와 같은 구매 행동 단계를 크게 논하지 않는다. 고객 구매 여정Customer Journey 또는 고객 경험 여정Customer Experience Journey에 대해서만 고민한다. 그 이유는 앞에서 살펴본 것처럼 AISAS 모델도 더 이상 유효하지 않기 때문이다. 더 이상 단계가 무의미하다.

주목 단계에서 구매 행동 단계는 압축됐고 순서대로 작동하지도 않는다. 따라서 기업이 해야 하는 일은 가급적 모든 채널에서 브랜드를 더 많이 노출하고 소비자들이 서로 노출하게 만들어 관심과 구매 행동을 끌어내는 일이다. 특히 소비자의 구매 행동에 가장 큰 영향을 미치는 것은 온라인상의 평판, 지인과 친구의 추천이다.

기업의 전략이 '어떻게 많은 고객이 우리 제품과 서비스에 관해 이야기하게 할 것인가'로 바뀌고 있다고 해도 과언이 아니다. 노출이 많아지고 관심이 높아지면 구매 행동으로 바로 연결되기 때문이다. 스태티스타Statista의 자료에 따르면 소비자의 89%가 기존 광고 채널보다 자신이 '아는 사람', 즉 신뢰하는 사람의 추천을 더 우선시한다고 한다. 이는 구매 결정에서 진정성과 개인적인 유대감이 핵심 요소로 작용하는 소비자 행동의 근본적인 변화를 보여주는 것이라 할 수 있다.

기업이 고객 경험에 점점 더 초점을 맞춰야 하는 이유는 크게 두 가지다. 첫 번째는 고객 구매 여정을 매끄럽게 설계하면 고객 유입과 구매 전환이 매우 쉬워지기 때문이다. 온라인과 오프라인을 통합해 매끄럽게 연결한다는 것은 주목과 욕구를 끌어내는 단계에서 즉시 구매로 전환하기 쉽게 만드는 것이다. 쉽고 빠른 구매는 잠재 고객을 구매 고객으로, 구매 고객을 재구매 고객으로 만든다. 쇼핑을 편하게 만들면 만들수록 고객은 더 많이 쇼핑하게 된다.

두 번째는 좋은 고객 경험이 더 많은 더 우호적인 고객의 입소문을 만들어내기 때문이다. 입소문은 말거리를 만들어내는 것에서 시작한다. 그리고 말거리는 해당 경험이 특별한 가치를 제공할 때 생겨난다. 입소문을 내고 싶도록 특별한 경험의 순간을 만들어내고 이러한 입소문을 더 많은 노출과 관심으로 연결하는 것은 또 다른 고객 확보를 위한 가장 중요한 마케팅 활동이 됐다. 말 그대로 브랜드가 '관종'이 되는 이유다. 관심을 받아야 얘깃거리가 된다. 관심은 경험을 선택하게 하는 시발점이고 특별한 경험은 굳이 기업이 요청하지 않아도 소셜 네트워크를 통해 퍼져나간다. 팝업 스토어나 굿즈가 브랜드 마케팅의 핵심이 돼 유행하는 이유이기도 하다.

그래서 고객 여정은 구매를 전제로 하지 않아도 시작된다. 그리고 구매 이후의 사용, 공유, 재구매 단계까지도 고려해야 한다. 브랜드가 노출되는 단계, 온·오프라인 매장을 방문해 조회하고 구매하는 단계, 상품이나 서비스에 대해 문의하고 후기를 남기고 인스타그램에 사용 후기를 올리는 단계까지 기업은 브랜드와 고객의 모든 접점을 설계해야 한다.

옴니채널은 이런 모든 순간이 온라인이든 오프라인이든 상관없이 고객이 브랜드와 편하고 쉽게 연결되게 만들어야 한다. 그래야 고객이 브랜드를 경험하는 그 순간에 기업과 연결 고리를 만들 수 있고 이 연결 고리가 결국 기업의 수익과 연결된다.

이런 이유로 옴니채널은 단순히 온라인과 오프라인의 매장을 통합하는 개념이 아니다. 소셜 네크워크 활동, 온라인 탐색, 오프라인 매장 방문과 모든 구매 접점 채널을 매끄럽고 자연스럽게 연결하고 통합해 구매로 전환하는 것, 구매 이후에도 계속해서 기업의 제품과 브랜드에 관해 이야기하게 하는 것, 해당 채널에 계속 방문하게 하는 것 등 모든 활동의 통합이 옴니채널이다.

성공 비결 8
배송 혁신
: 속도와 신뢰를 무기로 한다

고객이 원하는 모든 배송 옵션을 제공하는 것이 전략이다

● ● ● ● ●

월마트의 배송 전략은 고객이 원하는 모든 배송 옵션을 제공하는 것이다. '모든 것을 다하는 전략'과 연결된다. 온라인 주문 – 매장 방문 픽업이나 커브사이드 픽업과 같은 오프라인 픽업, 일반 배송, 무료 배송 등 다양한 배송 옵션을 제공한다. 여기에는 특별한 가치를 제공하는 프리미엄 배송 옵션도 포함한다.

월마트는 2019년 6월에 미국 내에서 '인홈 딜리버리' 서비스를 출시했다. 이 서비스를 리조트 이용 고객이 다수인 플로리다주 베로비치, 단골이 많은 캔자스주 캔자스시티, 전형적 대도시인 펜실베이니아주 피츠버그 3개 도시에서 100만 명 이상의 고객을 대상으로 시범 운영했다. 이후 애틀랜타와 아칸소주 서북부 등 다른 지역으로 서비스를 확대했다.

인홈 딜리버리 서비스는 고객이 주문한 상품을 고객 부재 시에 차고나 집 안 냉장고 등 고객이 지정한 장소까지 배달하거나 이미 구입해 냉장고에 있는 상품을 픽업해 반품 수거까지 하는 서비스다. 이 서비스 덕분에 소비자가 상하기 쉬운 신선식품을 언제든 안심하고 구매할 수 있게 됐다.

월마트 플러스 멤버십 회원은 누구나 소정의 금액을 내고 서비스를 추가할 수 있고 30일간 무료체험을 해볼 수도 있다. 월마트의 배송 서비스인 월마트 플러스 멤버십은 연회비가 98달러, 월회비가 12.95달러다. 정부에서 지원받는 학생이나 개인은 반값인 연회비 49달러 혹은 월회비 6.7달러에 이용할 수 있다. 인홈 딜리버리는 연회원의 경우 40달러이며 월회비의 경우 7달러를 추가로 내면 이용할 수 있다. 별도의 배달 수수료나 팁은 발생하지 않는다.

배송은 오전 9시~오후 1시, 오후 2시~오후 6시 시간대 중 선택할 수 있다. 회원의 인홈 딜리버리 계정에서 상품을 어디에 놓을지, 스마트 기기와 통합할지 등 배송 환경을 설정할 수 있다. 반품을 요청하면 지정한 장소에 둔 상품을 거둬간다. 배달은 검증과 교육을 받은 월마트 직원만이 할 수 있으며 반드시 바디캠이 부착된 규정된 유니폼을 착용해야 한다. 고객은 배달원의 카메라에 찍힌 실시간 영상을 월마트 앱을 통해 볼 수 있다. 배달원이 고객이 지정한 장소에 들어가기 전 카메라를 켜면 '일회용 비밀번호'가 생성되고 이 비밀번호로 배달원이 고객의 집 안으로 들어갈 수 있다. 고객이 이 서비스를 이용하려면 일회용 비밀번호 생성 기능이 있는 '스마트 잠금장치'를 자신의 집 현관문에 설치해야 한다.[1] 배달원은 배송 완료 후 장소를 벗어나기 전에 배달 과정에서 접촉한 부분을 모두 소독 기능이 있는 물티슈로 깨끗하게 닦는다.

고객이 집에 없어도 고객의 집 안까지 배송하는 인홈 딜리버리는 편의성 관점에서 고객 만족도가 매우 높다. 코로나19 당시 언론과 인터뷰한 월마트의 한 고객은 "인홈 딜리버리 서비스를 사용한 지 한 달이 넘었으며 서비스에 매우 만족한다. 매장에 가지 않아도 되기 때문에 코로나19에 감염될 가능성이 작고 배달원 몸에 장착된 카메라로 배달 과정을 볼 수 있어 안심할 수 있다."라고 말했다.[2] 월마트에 따르면 인홈 딜리버리 서비스 지역은 점점 확대돼 2021년에만도 600만 가구가 서비스를 받았으며 2025년 기준으로 4,500만 명이 회원으로 가입했다.

신선식품은 상하기 쉽기 때문에 집에 사람이 없으면 배송 서비스를 받기 힘들다. 우리나라의 쿠팡 프레시나 마켓컬리가 특히 신선식품을 새벽에 배송하는 이유도 출근 전 사람이 집에 있는 시간대에 받으라는 콘셉트였다. 신선한 식자재를 받아 아침을 차릴 수 있다는 콘셉트도 있지만 직장인이 집에 없는 낮 동안에 신선식품이 배송될 경우 상온에서 부패할 것을 우려한 측면이 더 크다고 할 수 있겠다. 신선식품의 온라인 주문이 어려웠던 이유 중 하나를 해결한 배송 콘셉트였다.

월마트 고객은 인홈 딜리버리를 이용하면 일과를 마치고 늦은 시간에 굳이 매장으로 상품을 픽업하러 가지 않아도 된다. 픽업보

월마트 지점 매니저가 X에 올린 이미지

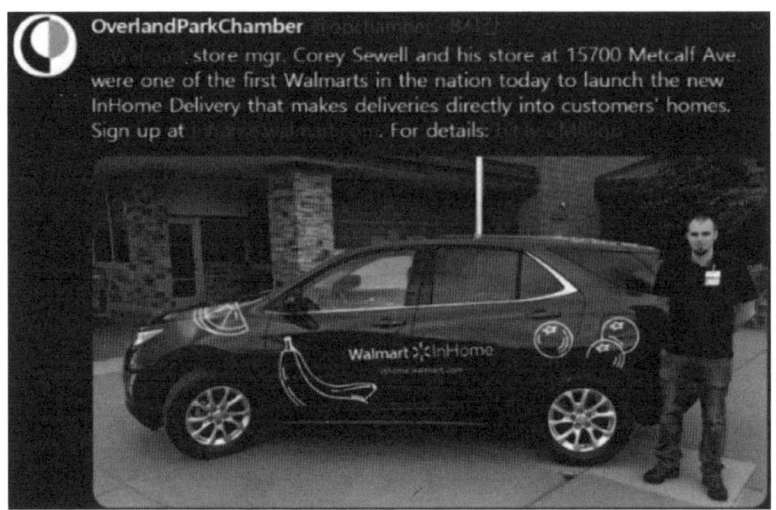

월마트의 인홈 딜리버리 서비스

(출처: 월마트)

다 더 편리한 배송 옵션을 월마트가 만들어준 것이다. 특히 월마트
의 배송 서비스인 월마트 플러스에 가입했다면 간단하게 서비스를
업그레이드해 배송 옵션을 저렴한 수준으로 편리하게 이용할 수

있다. 그 때문에 소비자의 가격 저항이 적다.

2022년 1월 월마트는 인홈 딜리버리 서비스를 시작한 지 불과 2년 후 사업 확대를 위해 직원 3,000명을 추가 고용한다고 발표했다. 주에 따라 임금에 차이가 있지만 2025년 기준으로 월마트의 인홈 딜리버리 서비스 직원은 월마트의 일반 직원의 평균 시급 약 18달러보다 16.5% 더 높은 21달러를 받고 있다.

추가수당은 시간당 3달러를 받는다. 소비자의 집에 직접 들어가야 하고 바디캠을 달고 배송해야 하는 등 서비스 수준을 고려한 시급이라고 생각한다.

오프라인의 강점에 온라인의 편의성을 극대화했다
●●●●●

월마트의 인홈 딜리버리 서비스는 사실 아마존의 인홈 딜리버리 서비스와 인카 딜리버리In-Car Delivery 서비스를 벤치마킹한 것이다. 아마존은 2017년 아마존 키Amazon Key 서비스를 출시하며 배송 직원이 현관문을 열고 집 안까지 물건을 들여다 놓는 서비스를 시행했다. 이때 보안을 위해 스마트 도어록 서비스인 아마존 키를 이용했다. 월마트는 여기서 한 발 더 나가서 현관문 안이 아니라 냉장고 안까지 물건을 배송하는 서비스를 출시한 것이다.

아마존은 2018년 인홈 딜리버리 서비스에 이어 인카 딜리버리 서비스의 또 다른 옵션으로 인거라지 딜리버리In-Garage Delivery 서

아마존의 인카 딜리버리 서비스

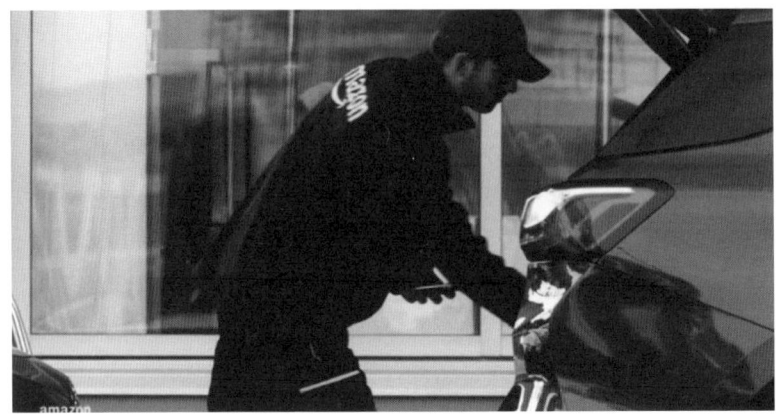

비스도 출시했다. 아마존 프라임 회원이면 누구나 앱을 내려받아 서비스를 신청할 수 있다. 아마존 프레시로 주문하거나 홀푸드마 켓에서 고객이 식료품을 주문하면 고객의 집 또는 회사 주차장에 있는 자동차 트렁크에 배송한 상품을 넣어주는 서비스다. 무엇보 다 현관 배송 시 분실 우려가 커지면서 관심을 끌었다.

하지만 아마존의 인카 딜리버리 서비스는 차량 옵션에서 제한이 있었다. 아마존과 서비스 제휴를 한 제너럴모터스GM와 볼보 차량 중 2015년형 이상에서만 가능했다. 이 차량들은 4G LTE가 적용 돼 스마트 도어락 서비스를 이용할 수 있었기 때문이다. 인카 딜리 버리 서비스를 이용하고자 하는 고객은 아마존 키 앱을 내려받아 자신의 아마존 계정을 자동차 서비스와 연결하고 다단계 인증을 거쳐 자동차 운전자의 신분과 배송 경로를 확인해야 한다. 아마존 의 배달원이 고객의 차량 앞에서 스마트폰으로 택배 물건을 스캔한 후 별도의 클라우드망에 올리면 차량 트렁크가 자동으로 열린다. 이때 배달원이 차고 안의 차량에 접근하면 고객의 아마존 앱에 배송 알림이 도착한다. 서비스를 이용하는 고객은 배송 4시간 전에 안내 메시지를 받고 자신의 자동차 문이 개폐될 때 또 한 번 안내를 받는다. 그런데 코로나19가 확산 중이던 2021년 아마존은 이 서비스를 무기한 중단했고 아직 재개 여부를 발표한 적이 없다.

월마트는 아마존이 혁신적인 서비스를 내서 반응이 좋으면 바로 대응 방식을 찾아낸다. 그렇다고 그대로 흉내 내지는 않는다. 월마트의 인홈 딜리버리는 아마존이 했던 집 안이나 차고, 차량 트렁크까지 배송하는 방식을 벤치마킹하면서 그보다 획기적으로 냉장고 안까지 넣어주는 서비스를 내놓았다. 그리고 안전에 민감한 소비자를 위해 배달원의 바디캠 카메라를 통해 소비자가 실시간으로 배송 현황을 확인할 수 있도록 해 보안 문제를 해결했다.

월마트의 디지털 전환의 강점 중 하나는 오프라인 강점을 유지하면서도 온라인 경쟁자의 강점을 최대한 따라잡으려고 노력한다는 점이다. 온라인에서 강력한 경쟁자가 앞서가는 것을 따르는 패스트 팔로어 전략은 월마트가 매우 스마트하게 고객을 만족시키는 방법이다. 동시에 오프라인 매장 접근성의 강점을 가진 월마트가 오프라인의 강점을 유지한 채로 온라인의 편의성을 극대화하는 비결이기도 하다.

온라인과 오프라인을 연결하고 배송 혁신에 집중했다

●●●●●

월마트가 아마존의 온라인 서비스에 대응하기 위해 가장 적극적으로 펼친 서비스는 온라인과 오프라인을 연결하는 옴니채널이다. 그리고 온라인과 오프라인 연결 방식에서 가장 집중한 것은 배송 혁신이었다.

연간 98달러에 식료품을 무제한으로 무료 배송을 받는 월마트 플러스의 딜리버리 언리미티드부터 현재는 사라졌지만 픽업 타워를 통한 픽업 서비스, 인홈 딜리버리 서비스, 오프라인 매장의 엔드리스 아일 서비스 등 월마트의 옴니채널은 오프라인과 온라인을 넘나들며 쇼핑, 주문, 배송을 연결한다. 거대 이커머스 플랫폼과의 전쟁에서 오프라인 매장을 적극적으로 활용해 온라인 중심의 아마존이 제공하기 어려운 차별적인 가치를 제공한 것이다. 아마존도 이에 대응해 온라인에서 오프라인으로 진출을 확대하고 있다.

2019년 11월 아마존은 월마트의 픽업 서비스에 대응해서 세이브어랏Save A Lot이라는 대형 식품소매 할인점 체인과 제휴해 고객이 온라인에서 주문한 제품을 720개 점포 중 3분의 1 이상에 설치된 아마존 허브 락커Amazon Hub Locker에서 수령할 수 있는 픽업 서비스를 출시했다. 그리고 세이브어랏과 파트너십을 맺어 상품 구매 시 현금결제를 원하는 고객은 세이브어랏 점포에서 아마존 페이코드Amazon PayCode를 이용해서 현금으로 구매할 수 있도록 했다. 아마존은 이 서비스를 통해 자사의 이커머스 플랫폼과 세이브어랏

세이브어랏 점포에 설치된 아마존 허브 로커

고객은 세인트루이스 지역의 세이브어랏 매장에서 아마존 페이코드와 아마존 허브 로커를
이용할 수 있다. 월마트는 향후 서비스 지역을 확대할 예정이다.

의 오프라인 매장을 유기적으로 연결함으로써 고객에게 편리한 쇼
핑 경험을 제공하고자 했다. 2020년부터 400개 매장으로 서비스
를 확대했고 허브 로커에서 아마존에서 구매한 상품을 픽업하거나
반품할 수 있게 했다. 오프라인에서 고객과의 접점을 늘리는 것이
목적이었다.

　이 서비스를 이용하려는 고객은 아마존에서 쇼핑하면서 배송지
를 아마존 허브 로커로 선택하면 된다. 상품이 로커에 도착한 즉시
바코드가 포함된 이메일을 받는다. 이 바코드를 통해 로커를 열고
제품을 수령한다. 반품도 방식이 비슷하다. 픽업과 반품은 세이브

어랏의 매장 운영 시간 내에 언제든 가능하다.

이 제휴는 세이브어랏 관점에서는 아마존 사용자를 매장으로 이끌어주는 것이 되고 아마존 관점에서는 월마트에 대응해 온라인과 오프라인 모두에서 고객의 쇼핑 편의성을 확대하는 옴니채널 전략의 하나가 된다. 아마존은 세이브어랏뿐만 아니라 여러 유통업체와 손잡고 고객이 매장 카운터를 통해 상품을 찾아가거나 반품할 수 있는 서비스를 확대했다. 건강식품 전문점 GNC, 지금은 문을 닫은 할인 백화점 스테이지 스토어즈Stage Stores, 독립 약국 체인 헬스 마트Health Mart 등에서 고객이 매장 카운터에 들러 아마존 상품을 직접 픽업하거나 반품할 수 있도록 했다. 그리고 미국 전역에 1,100여 개 점포를 보유한 옴니채널 할인점 콜스Kohl's와 1,250여 개 점포를 보유한 체인 드럭스토어 라이트 에이드Rite Aid 점포에서도 아마존 서비스를 이용하도록 했다. 이 외에도 1,000여 개 점포를 보유한 사무용품 전문점 스테이플스Staples, 5,300여 개 점포를 보유한 UPS, 체이스Chase를 비롯한 은행들, 피트니스 체인 블링크 피트니스Blink Fitness 등에 아마존 구매 상품의 픽업과 반품이 가능한 로커를 늘려왔다. 아마존은 2025년 기준으로 미국 전역에 약 6만 개 로커를 확보하고 있다.

아마존은 아마존, 아마존 프레시, 홀푸드마켓을 결합했다

●●●●●

코로나19가 한창이던 2020년 9월 아마존은 캘리포니아주의 로스앤젤레스에 아마존 프레시Amazon Fresh라는 슈퍼마켓 매장을 열었다. 이것은 유통업계에도 아마존에도 역사적인 일이었다. 세계 최대 온라인 소매기업인 아마존이 자사 브랜드로 대형 슈퍼마켓 매장을 만들어 본격적으로 옴니채널 서비스를 시작했기 때문이다. 물론 2017년 홀푸드마켓의 456개 매장을 인수해 운영해왔으며 아마존 고Amazon Go와 같은 소형 무인 매장을 운영하고 있었다. 하지만 아마존 프레시가 아마존의 오프라인 소매사업에서 차지하게 될 비중은 전혀 달랐다.

홀푸드마켓은 친환경과 유기농을 전문으로 하는 신선식품 위주의 슈퍼마켓으로 미국의 중산층을 주 고객층으로 삼는다. 아마존 프라임 회원을 비롯한 충성도 높은 고객이 주로 구매하는 식료품에 비해 품질도 높고 가격도 높을 수밖에 없다. 홀푸드마켓은 아마존의 온라인 소매를 뒷받침할 오프라인 매장으로서의 역할을 하기 어려운 조건이었다. 또 한 가지, 홀푸드마켓의 상품은 친환경과 유기농에 맞춰져 있어 아마존에서 회전율이 높은 대중적인 브랜드의 식료품과 구색에서 차이가 있었다. 월마트 매장과는 달리 배송센터 역할을 완전히 할 수 없었다.

이런 이유로 아마존은 월마트와는 반대로 자사 옴니채널 플랫폼을 완성할 오프라인 매장이자 상품 배송 거점으로서 아마존 프레

아마존 프레시 스토어

시를 오픈하게 된 것이다.

아마존 프레시는 2025년 4월 기준 미국 내에 60개 점포가 있으며 점포당 평균 면적은 2,322~5,480제곱미터(약 870~1,650평)다. 점포의 평균 재고관리단위는 1만 6,000으로 미국 슈퍼마켓 평균의 절반 수준이다. 아마존은 아마존 프레시와 홀푸드마켓 매장을 온라인 아마존 프레시 상품의 배송 거점으로 활용하고 있다. 매장을 방문하면 상품을 피킹하는 직원들이 월마트 점포와 비교가 안 되게 많은 것을 볼 수 있다. 상대적으로 점포 수가 적어 한 점포에서 발생하는 피킹량이 많다.

아마존은 2024년 10월 3개 온라인 사이트인 아마존, 아마존 프레시, 홀푸드마켓을 결합해 고객이 한 번의 주문으로 세 브랜드를 쇼핑할 수 있도록 하겠다고 발표했다. 그동안 각 사이트에서 다른 사이트의 상품 구매 시 두었던 일정 제한을 없애 소비자의 구매 편의성을 높이겠다는 것이다. 아마존은 이에 따라 개별로 운영하고 있던 미국 전역의 물류센터도 통합해 운영할 것이라고 발표했다. 월마트에 비해 오프라인 점포 수가 10분의 1에 불과한 아마존이 점포 배송의 상대적 불리함을 극복하고 물류에서 수익성을 높이려는 방편이라고 할 수 있다.

월마트 익스프레스는 아마존 프라임 나우의 대항마다

●●●●●

월마트는 2019년 아마존의 프라임 나우Prime Now 딜리버리 서비스에 대항하기 위해 '익스프레스Express 서비스'를 출시했다. 2시간 이내 배송 또는 매장 픽업을 선택할 수 있도록 한 서비스로 2,000여 개 월마트 매장을 기반으로 출시했다. 식료품, 생필품, 전자제품 등 매장에서 판매되는 상품은 배달과 픽업이 가능하며 월마트 플러스 회원은 배송 건당 추가 수수료 10달러만 내면 된다. 월마트 플러스 회원이 아닌 경우는 표준 배송료에 10달러를 추가로 내면 서비스를 받을 수 있다. 현재는 3,000여 개 매장으로 서비스를 확대했다.

월마트에서 2시간 배송 서비스의 가장 큰 어려움 중 하나는 재고 관리다. 특히 가공식품과 달리 신선식품은 재고를 쌓아놓을 수 없기 때문에 주문 예측을 통해 재고를 충분히 확보하면서도 폐기

되지 않도록 균형을 맞춰야 한다. 다른 오프라인 유통업체처럼 월마트도 익스프레스 서비스 출시 초기에 재고 관리에 어려움을 겪었다.

월마트는 재고 관리 문제를 해결하기 위해 재고 확인, 주문, 환불 등을 자동화했다. 월마트의 경쟁자는 더 이상 오프라인 유통이 아니다. 글로벌 테크 기업인 아마존에 대응하기 위해 가치사슬 프로세스 혁신과 운영 비용 최적화를 위한 혁신을 추진할 수밖에 없다. 특히 비용 관리를 통해 원가우위를 확보함으로써 상시 최저가를 제공하는 할인점이다.

참고로 아마존의 프라임 나우 딜리버리 서비스는 2014년 12월 출시해 2021년 종료했다. 현재는 프라임 회원이 아마존 프레시와 홀푸드마켓에서 35달러 이상을 주문하면 한 시간 또는 2시간 이내에 식료품을 배달해준다. 이 배송 서비스는 도시 지역에 한하며 인근에 아마존 프레시 또는 홀푸드마켓이 있는 경우에 제공한다. 아마존이 프라임 나우 서비스를 종료한 것은 월마트와 달리 점포 수가 한정돼 있고 도시 대부분은 점포가 있어 비용과 관계없이 인적, 물적 인프라가 수요를 감당할 수 없었기 때문으로 추측한다.

월마트는 온라인 주문의 꾸준한 증가에 대응하기 위해 새로운 공급망 구축과 물류 혁신을 계속 추진했다. 물류는 데이터 활용, 인공지능 알고리즘 도입 확대, 재고 관리 및 주문 자동화를 통해 옴니채널 전략을 더욱 스마트한 방식으로 강화하며 혁신하고 있다. 이를 통해 매장 쇼핑이든, 온라인 주문 후 매장 픽업 또는 배송

아마존의 배송 차량

이든 간에 고객의 쇼핑 방식과 관계없이 재고 관리와 정보 제공을 빠르고 정확하게 할 수 있다.

월마트는 세계 최고 유통업체답게 공급망 관리SCM에서도 선두 주자다. 1985년부터 업계 최초로 인공위성을 이용한 통신망을 구축해 창고 재고, 트럭 운송, 판매 정보를 연동하는 시스템 혁신으로 독보적인 경쟁력을 확보했다. 이렇게 월마트는 옴니채널 전개와 함께 물류 혁신도 계속 추진하고 있다. 월마트가 이커머스 전쟁에서 승승장구하는 비결은 물류, 이커머스, 식료품 처리를 전문으로 하는 자체 창고 구축, 라스트마일 배송 회사 인수, 파트너십 구축 등 적극적인 투자와 지속적으로 추진해온 물류 혁신이 빛을 발하고 있기 때문이다.[3]

온라인 이커머스 시대에 오프라인의 반격이 시작됐다

●●●●●

2025년 초 월마트의 최고이커머스책임자CCO 데이비드 구기나 David Guggina는 월마트의 이커머스 사업 부문이 미국 시장에서 수익을 달성하고 있는 것은 매장 기반 배송 효율성을 높인 덕분이라고 했다. 또한 고객이 더 빠른 배송을 위해 더 높은 비용을 지불할 의향이 있다는 점도 사업 성장의 핵심 요인이라고 덧붙였다.

또한 월마트 매장 배송의 3분의 1이 빠른 배송으로 이뤄지고 있다. 고객이 식료품 외에도 이익률이 높은 고가의 상품을 더 많이 주문하게 됨에 따라 매장 기반 이커머스의 수익성은 높아질 것이다. 이커머스 수익은 향후 5년간 미국 월마트의 매출 성장에서 60%를 차지하리라 추정했다. 월마트는 매장 기반 배송을 통해 머지않아 미국 전체 가구의 95%가 3시간 이내에 상품을 받을 수 있을 것으로 예상한다. 현재 93%에 해당하는 가구가 월마트의 당일 배송 범위에 있다.

온라인 쇼핑 시대에 오프라인 매장은 고정비를 많이 필요로 하는 계륵 같은 존재다. 점포당 방문 고객 수가 줄어들고 매출이 줄어드는 상황에서도 매장 운영에 필요한 인건비와 고정비를 줄이는 데는 한계가 있기 때문이다. 그러나 월마트는 점포를 온라인 경쟁력 확보를 위한 핵심 도구로 활용한다. 월마트는 2019년 11월 기준 전체 점포 중 3,700여 개를 픽업 스토어로 활용했고 2,700개 점포에서 특급 배송 서비스를 운영했다. 이에 따라 2021년과

월마트의 배송 차량

2022년에 걸쳐 2년 동안 점포 배송 건수는 거의 3배 수준으로 증가했다.

월마트는 온라인 마켓플레이스 서비스도 활성화했다. 2009년 시작한 온라인 마켓플레이스에서 1,700여 명의 판매자가 한 해 동안 500만 개 아이템을 판매했다. 계속해서 새로운 판매자를 확보하면서 2025년 4월 기준으로 사업자는 15만 명 이상, 재고관리단위는 4억 개 수준으로 증가했다. 월마트는 온라인 마켓플레이스의 가격 경쟁력을 위해 인도의 셀러들에게도 개방하고 전담팀을 만들었다. 온라인 마켓플레이스가 성장하면 고객에게 더 많은 선택 범위를 제공하게 되고 판매자가 성장하면 월마트의 수익이 높아진다. 월마트는 이러한 선순환 구조를 만들기 위해 온라인 마켓플레이스의 고객 경험을 개선하고 있다.

온라인 마켓플레이스를 지원하기 위해 3자물류3PL 사업과 같은 배송 역량 확장에 대한 투자를 늘리고 풀필먼트 서비스를 개선하고 있다. 월마트의 물류 경쟁력은 온라인 플랫폼으로 성장하는 기반이다. 최근 월마트는 캐나다 전역의 유통센터와 소매 점포 간 화물 배송 시 송장과 대금 결제 문제를 해결하기 위해 블록체인 기술을 도입했다. 북미의 각 매장에 신선식품이 포함된 화물을 운송하는 과정에서 서로 다른 기후의 광활한 지역을 가로지르거나 때로는 국가를 넘어 배송해야 한다. 화물별로 운송하는 상품이 달라 배송지, 트럭 연료 소모량, 상품별 배송 온도 등 다양한 데이터를 취합해 대금 지불의 기준으로 삼고 있다. 데이터 취합에 시간이 걸리면서 대금 지불이 늦어지는 문제를 해결하기 위해 70여 개 운송업체의 결제와 송장을 자동으로 기록하고 관리하는 블록체인 기술을 도입했다.[4]

4부

고객 충성도 혁신

고객 록인

: 유료 멤버십으로 충성도를 높인다

월마트 플러스로 일반고객을 충성고객으로 전환했다

●●●●●●

유료 멤버십 '월마트 플러스'는 월마트의 대표적인 수익 모델로 자리 잡았다. 월마트 플러스는 고객을 충성고객으로 전환해 월마트 생태계 안에서 쇼핑을 반복하게 만드는 고객 록인 프로그램이다. 월마트 플러스 연회비는 98달러이며 월회비는 12.95달러다. 월마트 플러스 회원은 총 9가지 혜택을 받는다. 가장 큰 혜택은 35달러 이상 식료품 구매 시 제공하는 무료 배달 서비스다. 미국 내 1,600개 이상의 매장에서 서비스를 제공하고 있다.

월마트 상품 중 매장에서 판매하는 약 16만 개 상품에 대해서는 당일 배송 서비스도 제공한다. 오프라인 매장에서 쇼핑할 때 멤버십 전용 계산대를 이용하거나 모바일 스캔앤고 서비스를 이용할 수도 있다. 이외에 월마트 매장 내 약국과 월마트 주유소에서 할인

월마트 플러스 고객을 위한 9가지 혜택

매장에서 무료 배송

신선한 식료품 등을 매장과 동일하게 매일 저렴한 가격으로 배송비 없이 받아보세요.

*35달러 최소 주문 금액 적용. 제한 사항 적용.

최소 주문 금액 없는 무료 배송

소액 주문도 무료로 배송됩니다! 다양한 적격 품목 중에서 선택하고 배송비를 전혀 내지 마세요.

*대부분 마켓플레이스 품목, 운임 및 특정 지역 할증료 제외.

회원 주유 할인

엑슨, 모빌, 월마트 및 머피 주유소를 포함한 전국 13,000개 이상의 지점에서 갤런당 10센트를 절약하세요.

*AL, OK에서는 5센트 할인만 가능. 변경될 수 있음.

파라마운트+비디오 스트리밍

월마트+ 멤버십에 포함된 파라마운트+ 구독으로 4만여 개 에피소드, 인기 영화, 라이브 스포츠 등을 즐겨보세요!

*파라마운트 에센셜 플랜만 가능하며 별도 등록이 필요합니다.

차량 관리

전국의 월마트 오토 케어 센터에서 무료 타이어 수리 및 무료 도로 위험 보증을 받으세요.

*차량 및 타이어 제한 사항 적용. 월마트에서 구매하고 월마트 오토 케어 센터에서 설치한 타이어에 한해 제공.

월마트+여행

최대 5% 월마트 캐시를 적립하고 모든 여행을 더욱 보람 있게 만드세요. 익스피디아 제공.

*월마트 캐시 약관 및 월마트 약관에 따름.

집에서 반품하기

고객님 댁으로 찾아갑니다! 인쇄, 재포장, 집을 떠날 필요가 없습니다.

*수거 시 반드시 자리에 계셔야 합니다. 적격 품목에 한함.

얼리 액세스

회원은 특별 제품 출시, 온라인 블랙 프라이데이 할인 등에 대한 첫 번째 기회를 누립니다.

*유료 월마트+ 회원에게만 제공. 온라인 전용. 재고 소진 시까지.

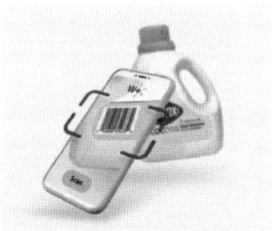

모바일 스캔앤고

매장에서 휴대폰으로 빠르고 편리하게 쇼핑하고 결제하세요. 스캔하고, 결제하고, 바로 가세요!

(출처: 월마트 홈페이지)

을 받는다.

아마존 프라임은 연간 멤버십 가격이 129달러이며 1일 혹은 2일 내 배송 서비스를 제공한다. 월마트 플러스는 98달러로 아마존 프라임 대비 약 24% 저렴한 가격으로 훨씬 더 빠른 배송 서비스를 제공한다. 당일 배송 서비스는 월마트가 미국 전역의 84% 가구를 포괄하는 오프라인 매장을 가지고 있기 때문에 가능하다.

유료 멤버십 서비스는 월마트 오프라인 매장과 온라인 쇼핑몰, 월마트 주유소, 월마트 매장 내 약국 등 다양한 곳에서 혜택을 받을 수 있어 월마트를 이용하는 고객이라면 가입하지 않을 수 없다. 특히 당일 신선식품 무제한 무료 배송은 매우 파격적인 혜택이다.

얼핏 보면 무료 배송은 비용이 많이 드는 모델이다. 그럼에도 불구하고 월마트를 비롯해 우리나라의 쿠팡 등 많은 유통기업이 무료 배송 서비스를 제공하는 이유가 있다. 가장 확실한 고객 록인 수단이기 때문이다. 가공식품과 신선식품은 자주 쇼핑할 수밖에 없는 품목들이다. 반면 한 번에 구입하는 양이 많지 않아 쇼핑할 때마다 배송비를 부담해야 한다면 고민하게 될 것이다. 무료 배송은 쇼핑에 대한 고민은 줄이고 구매 전환은 높이는 동기가 된다.

월마트 플러스 연회비 98달러를 월 단위로 환산하면 8.17달러다. 무료 배송은 구매 금액이 회당 35달러 이상인 경우에만 해당한다. 매월 3번 이상 구매하면 배송비 부담 없이 주문할 수 있다. 2024년 다이브 리서치Dive Research에 따르면 미국인은 식료품 구매를 위해 한 달 평균 6번 매장을 방문하거나 온라인으로 주문한다고 한다. 이 조사 결과를 고려하면 월마트 플러스 연회비는 이용자에게 큰 이득으로 느껴질 수 있을 것이다.

본전을 위해 3번 이상 주문한다는 것은 월마트에 어떤 의미일까? 고객이 다른 곳으로 쇼핑하러 갈 사이가 없다는 말과 다름없다. 특별한 이유가 없다면 가공식품이나 신선식품을 살 때 월마트로만 가게 된다. 자연스럽게 소비자의 반복 구매를 유도하는 것이다.

소비자들은 이익이면 멤버십 가입에 저항이 없다

● ● ● ● ●

우리나라에서 유료 멤버십으로 가장 큰 효과를 본 곳은 쿠팡이다. 쿠팡이 맨 처음 월 2,900원에 와우 멤버십을 출시하고 무료 배송과 무료 반품을 선언했을 때 많은 고객이 가입했다. 그 이유는 한 번만 쇼핑해도 배송비를 뽑을 수 있었기 때문이다. 배송비가 보통 3,000원에서 3,500원이기 때문에 멤버십 가격은 1회 배송비보다 낮은 금액이고 두 번 이상 주문하면 배송비보다 무조건 이익이라는 것은 누구라도 생각할 수 있다.

소비자는 본인에게 이익이라는 생각이 들면 가입에 저항을 느끼지 않는다. 게다가 무료 반품이면 의류, 잡화, 소모품 그게 무엇이든 실제 물건을 보고 사지 않아도 마음에 들지 않으면 바로 반품하면 된다. 이런 생각은 장바구니에 상품을 담고 결제하는 데 심리적 부담감을 없애준다. 지금은 그냥 클릭하고 결정은 상품을 받아보고 하면 되는 것이다.

이런 마음을 먹으면 저관여 상품뿐만 아니라 고관여 상품도 쉽게 결제하게 돼 쇼핑 빈도가 높아진다. 당연히 그런 고객이 많아지면 매출이 늘어날 수밖에 없다. 2019년 최초 출시 때 월 2,900원이던 쿠팡 와우 멤버십 가격은 2021년 11월 4,990원으로 올랐고 2024년 4월 다시 7,890원으로 인상을 발표하고 8월 7일부터 적용했다. 재인상한 가격은 초기 가격에 비하면 약 2.7배가 올라 고객 이탈에 대한 우려가 있었다. 그런데 오히려 가입자가 늘어나고 해당 분기에 최대 매출을 기록하는 등 업계 예상은 완전히 빗나갔다. 그만큼 기존 혜택이 가격 대비 컸다는 증거이기도 하고 소비자의 의존도와 만족도가 크기 때문이기도 하다.

쿠팡 와우 멤버십은 출시 3년 만에 1,000만 명을 돌파한 매우 성공적인 멤버십이다. 멤버십 가격 인상은 바로 수익과 직결된다. 와우 멤버십 회원은 유상 구독의 대가로 배송, 반품, 쿠팡플레이 무료 등의 혜택을 받을 수 있다. 무료 배송 및 반품 서비스는 쿠팡의 판매관리비에서 큰 비용을 차지한다. 유료 멤버십 가격을 인상하면 판매관리비가 감소하는 효과가 나타난다.

쿠팡이 2022년 6월에 와우 멤버십 월회비를 2,900원에서 4,990원으로 거의 2배 수준으로 인상했을 때 쿠팡 와우 회원 수는 전혀 감소하지 않았다. 2021년 말 900만 명이었던 와우 멤버십 회원은 2022년 말 1,100만 명으로 오히려 20% 이상 증가했다. 2024년 월회비를 또다시 올렸음에도 와우 멤버십 회원 수는 연말 기준

1,400만 명으로 늘었다. 멤버십 회원의 쇼핑 빈도가 매우 높고 쿠팡이츠와 쿠팡플레이 등 이용할 수 있는 서비스와 혜택도 커지면서 비용에 대한 저항감은 거의 없었다.

멤버십 가격 인상 이후 2022년 3분기에 쿠팡은 처음으로 흑자 전환을 발표했다. 흑자 전환에 멤버십 가격 인상이 크게 기여했다. 1,100만 명이 4,990원을 정기적으로 결제하면 결제금액만 월 548억 9,000만 원이다. 이 중 인상된 2,090원은 월 229억 9,000만 원의 영업이익을 가져온다. 1년이면 가격 인상으로 증가한 영업이익만 2,758억 8,000만 원이다.

쿠팡은 와우 멤버십 회원이 쿠팡이츠와 쿠팡플레이 등 쿠팡 생태계 내에서 확장된 서비스를 경험하도록 지원했다. 결과적으로 확장된 서비스 네트워크는 멤버십 회원이 쿠팡을 떠나지 못하게 하는 역할을 하고 있다.

두 번째 멤버십 가격 인상은 2024년 8월에 이뤄졌다. 2024년 4월 12일 쿠팡의 멤버십 가격 인상 발표 이후 다른 커머스 플랫폼들은 쿠팡 고객의 이탈을 기대하며 멤버십 혜택을 강화했다. 겉으로는 눈에 띌 만한 소비자의 움직임은 없는 것처럼 보였다.

하지만 소비자는 두 번에 걸친 가격 인상에 민감하게 반응했다. 컨슈머인사이트가 2025년 4월에 발표한 조사 결과에 따르면 온라인 쇼핑 멤버십 이용자를 대상으로 한 '2024년 하반기 이동통신 기획조사'(조사 기간 10월 4일~11월 3일)에서 쿠팡은 각 서비스 체감 만족률(만족, 매우 만족 비율)이 59%에 그쳤다. 2024년 상반기 만족

온라인 쇼핑 멤버십 서비스 만족률과 가입률

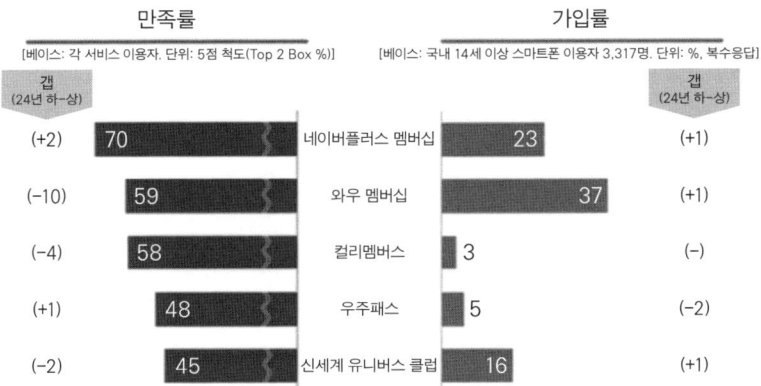

갭 (24년 하-상)	만족률	서비스	가입률	갭 (24년 하-상)
(+2)	70	네이버플러스 멤버십	23	(+1)
(-10)	59	와우 멤버십	37	(+1)
(-4)	58	컬리멤버스	3	(-)
(+1)	48	우주패스	5	(-2)
(-2)	45	신세계 유니버스 클럽	16	(+1)

만족률 [베이스: 각 서비스 이용자. 단위: 5점 척도(Top 2 Box %)]
가입률 [베이스: 국내 14세 이상 스마트폰 이용자 3,317명. 단위: %, 복수응답]

Q. 이용하는 쇼핑 멤버십 서비스에 어느 정도 만족하십니까?
Q. 귀하께서 현재 이용 중인 쇼핑 멤버십 서비스는 무엇입니까?
• 배열 순서는 만족률 기준으로, 이용률 3% 이상 5개 쇼핑 멤버십만 제시함

(출처: 컨슈머인사이트)

률(69%) 대비 10%포인트 하락했다. 그 결과 멤버십 만족도 1위를 네이버에 내주고 말았다. 네이버플러스 멤버십은 반사 이익과 자체 멤버십 강화로 만족률 70%를 달성하며 온라인 멤버십 만족도에서 처음으로 1위를 차지했다.

쿠팡 와우 멤버십 회원들은 불만족 이유로 '요금이 비싸서'(66%)를 가장 많이 언급했다. 가격 불만족은 와우 멤버십 가격 인상 전인 상반기 39% 대비 1.7배(+27%포인트)나 증가했다. 이 수치는 네이버플러스 멤버십의 가격 불만족(29%) 대비 2배 이상이다. 와우 멤버십이 2024년 4월 신규 가입자를 대상으로 구독료를 58% 인상(월 4,990원→7,890원)한 데 이어 8월에는 기존 가입자에게도 인상된 구독료를 적용했다. 조사 시점은 2024년 10~11월로 가격 인

상에 따른 불만이 표면으로 드러난 것이다. 그럼에도 여전히 온라인 쇼핑 멤버십 응답자 중 가입률은 와우 멤버십이 37%로 네이버의 23% 대비 1.6배 더 높은 수준이다.[1]

왜 소비자는 그 많은 이커머스 중 쿠팡에서만 쇼핑하는가

●●●●●

이커머스 업체가 수없이 많지만 왜 점점 더 많은 소비자가 오픈마켓은 쿠팡만 이용하게 되는가? 그건 멤버십 혜택과 밀접한 관계가 있다. 그중 가장 강력한 혜택은 쿠팡의 로켓배송이다. 로켓배송은 쿠팡 경쟁력의 핵심이기도 하다. 와우 멤버십 회원은 로켓배송을 무료로 이용할 수 있다. 심지어 밤 11시에 주문해도 다음 날 새벽 도착이 가능한 상품을 무료 배송으로 구매할 수 있다. 고객이 쿠팡에서만 쇼핑하는 이유다.

와우 멤버십 회원은 전날 밤에 주문해도 아침 7시 전 도착을 보장하는 로켓배송 덕분에 긴급하게 필요한 상품을 출근 전에 또는 아이들의 등교 전에 받을 수 있다. 워킹맘에게 어려운 점 중 하나는 아이들의 준비물 구입이었다. 이런 워킹맘의 고민을 쿠팡이 해결해준 것이다. 필자도 마찬가지였다. 쿠팡의 로켓배송은 배송 서비스라기보다는 긴급 문제 해결사나 마찬가지다.

쿠팡은 2022년에 이어 2024년 멤버십 가격을 올리고도 와우 멤버십 회원이 증가하고 있다고 밝혔다. 압도적인 물류 투자를 바탕으로 한 빠른 배송과 할인·적립 혜택 등으로 쿠팡 회원은 재구매를 하며 쿠팡에서 구매 규모를 키우고 고객 충성도를 높여가고 있다.

연합뉴스에 따르면 쿠팡의 월 1회 이상 활성 고객 수는 2020년 1,485만 명, 2021년 1,794만 명, 2022년 1,812만 명, 2023년 2,100만 명, 2024년 2,280만 명으로 꾸준히 증가했다. 또한 언론에 발표된 자료에 따르면 2024년 기준 쿠팡에서 활성 고객 1인당 구매 금액은 44만 6,500원으로 전년 대비 6%가 증가한 것으로 나타났다.

쿠팡이 제조업체들과 전쟁 같은 수수료 협상을 거치면서도 결국 유통 수수료율을 올릴 수 있는 힘은 가장 많은 누적 회원 수와 활성 고객을 가진 이커머스 최강자이기 때문이다. 와우 멤버십 월회비를 2,900원에서 7,980원까지 올렸음에도 고객이 이탈하지 않고 계속해서 멤버십을 유지하는 이유는 그만큼 쿠팡이 제공하는 유료 멤버십 가치가 지불하는 가격 대비 높다고 명확히 인식하고 있어서다. 이 모든 것은 고객 충성도로 연결된다.

리테일 분석 기업 와이즈앱·리테일에 따르면 2025년 1월 기준 모바일 쇼핑앱 월간활성이용자수MAU에서 쿠팡은 3,302만 6,284명으로 사상 최대를 기록했다. 와우 회원에게 배달비 무료 혜택을 제공하는 쿠팡이츠 앱 사용자 수는 2024년 9월 기준 899만 명으로 2023년 9월(455만 명)과 비교해 약 2배 증가했다.

또한 데이터 플랫폼 기업 IGA웍스에 따르면 쿠팡 고객 중 온라인 쇼핑을 할 때 쿠팡만 사용하는 고객은 41.8%에 달했다. 쿠팡과

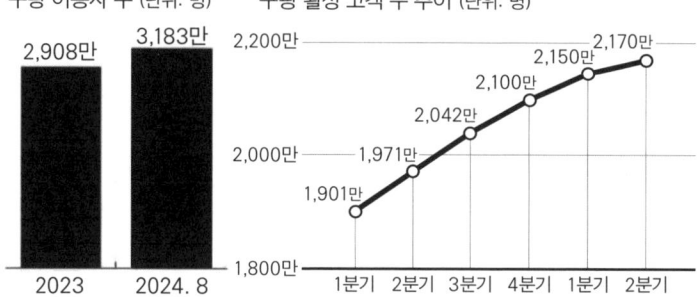

종합몰 앱 톱 8 (2025년 1월, 안드로이드+iOS)

쿠팡 이용자 수 (단위: 명)

2,908만 3,183만
2023   2024. 8

*2023년은 월평균 이용자
*자료: 와이즈앱·리테일·굿즈

쿠팡 활성 고객 수 추이 (단위: 명)

2,200만
2,170만
2,150만
2,100만
2,042만
2,000만
1,971만
1,901만
1,800만

1분기 2분기 3분기 4분기 1분기 2분기
2023   2024

*활성 고객: 해당 분기 1회 이상 쿠팡에서 물건을 구매한 고객

순위	앱명	월간활성이용자수 (MAU, 명)	전달 대비 사용자 성장비율
1	쿠팡	33,026,284	1.5
2	알리익스프레스	9,124,732	1.6
3	테무	8,234,740	1.3
4	11번가	7,808,042	6.3
5	G마켓	5,429,567	2.9
6	GS SHOP	3,458,564	-4.6
7	옥션	2,473,001	2.7
8	CJ온스타일	2,391,631	-9.2

(출처: 와이즈앱·리테일)

1개 앱을 추가로 사용하는 고객은 29.1%, 2개를 추가로 사용하는 고객은 13.5%였다. 이커머스에서 배송 경쟁력이 얼마나 중요한지를 바로 보여주는 사례다.

월마트도 소비자가 원하는 때 원하는 방식으로 배송받을 수 있도록 배송 경쟁력을 높였다. 월마트의 디지털 전환 성공은 소비자가 가장 중요하게 생각하는 빠른 배송과 다양한 배송 옵션이 가장 큰 배경이었다고 할 수 있다.

쿠팡과 네이버는 강력한 멤버십 생태계를 만들었다

●●●●●

모바일 리서치 기업 오픈서베이가 2025년 2월 발표한 소비자 조사 결과에 따르면 식료품 시장에서 온라인 비중은 아직 오프라인보다는 낮은 37%다. 소비자가 식료품을 살 때 오프라인에서는 대형마트, 동네마트 등 고르게 이용한다. 하지만 온라인에서는 많은 이커머스 채널이 존재하는데도 60% 이상이 쿠팡을 주로 이용한다.

식료품 구매 트렌드(2025년)

26.6%	23.0%	22.2%	14.8%
			온라인 기타
오프라인 기타	대형마트	쿠팡	11.9%
			동네 마트

(출처: 오픈서베이)

오프라인과 퀵커머스(즉시 배송) 채널을 통해 주로 낱개 또는 소량으로 구매하고 온라인에서는 대량으로 주문하는 비중이 높다. 그런데 주로 이용하는 온라인 식료품 구매처에서 쿠팡의 비중은 2023년 60.3%에서 2025년 73.7%로 무려 13.4%포인트 증가했

온라인 식료품 주 구매처 소비자 조사 결과

최근 3개월 이내 & 주 이용 온라인 식료품 구매처
[Base: (Step2 조사) 온라인 식료품 구매자, (23년) N=1239, (25년) N=1285, 중복 응답, %]
[Base: (Step2 조사) 최근 3개월 온라인 식료품 구매자, (23년) N=1223, (25년) N=1261, 단일 응답, %]

	2023년		2025년	
쿠팡	60.3	40.1	55.4	73.7
네이버쇼핑	35.1	9.5	8.4	38.1
컬리	31.6	10.3	8.6	27.2
이마트몰	25.2	7.9	5.0	21.5
G마켓	24.8	4.9	3.1	19.2
홈플러스몰	20.9	7.1	5.6	18.4
SSG닷컴	16.8	3.1	2.9	13.6
11번가	19.5	3.5	1.9	13.5
카카오쇼핑	10.7	0.6	0.6	12.0
옥션	15.8	2.9	1.9	10.0

■■ 최근 3개월 구매 경험 채널
■■ 주 구매 채널

* 2025년 기준 상위 10개 구매처만 표기
(출처: 오픈서베이)

다. 비율로는 22% 증가한 수치다. 네이버도 2023년 35.1%에서 2025년 38.1%로 계속 성장하고 있다. 다른 이커머스 채널들이 쿠팡에 밀려 고전하고 있지만 네이버는 유일하게 성장하는 커머스 플랫폼이다.[2]

쿠팡과 네이버의 공통점 중 하나는 강력한 멤버십 생태계를 만들었다는 것이다. 쿠팡은 쿠팡 생태계 내에서 다양한 서비스를 무료로 이용하게 하고 로켓배송과 무료 반품으로 회원을 늘리고 있다. 네이버는 스마트스토어와 스마트 플레이스 등을 연결하고 추가 적립 혜택을 제공함으로써 멤버십 영향력을 키우고 있다.

2023년 5월 『포브스 코리아』가 모바일인덱스인사이트의 조사 자료를 인용한 기사에 따르면 대한민국 모바일 쇼핑 이용자 3,513만 명 중 쿠팡을 이용하는 고객은 2,792만 명으로 79.4%다. 쿠팡 앱 사용자는 한 달에 15.1회 쿠팡 앱에 접속한다. 이는 다른 앱에 비해 월등히 높은 수치다.

오픈서베이 조사에는 고객이 쿠팡을 주로 이용하는 이유는 역시 '빠른 배송'과 '교환·환불의 편리성'으로 나타났다. 빠른 배송과 무료 반품은 쿠팡 와우 회원이 누릴 수 있는 대표적인 혜택이다. 쿠팡 고객은 특히 배송 만족도가 높다. 밤 11시 전에만 주문하면 다음 날 새벽 7시 전에 도착하기 때문이다. 네이버, G마켓, 11번가 고객이 가격과 프로모션 때문에 해당 쇼핑 앱을 이용한다고 대답한 것과 차별화된다. 그리고 쿠팡을 이용하는 이유는 정확히 쿠팡이 와우 멤버십을 통해 고객에게 제공하는 가치와 일치한다.

앞서 언급한 것처럼 이커머스 시장에서 쿠팡과 네이버쇼핑의 성장은 유료 멤버십과 매우 밀접한 관계가 있다. 유료 멤버십은 유료라는 특수성 때문에 한 번 가입하게 되면 고객의 쇼핑을 더더욱 집중시키는 힘이 있다. 더 많이 혜택을 받아야 더 유리하기 때문에 쇼핑을 많이 하는 것이 '비용을 쓴다.'는 개념에서 '이득을 본다.'는 개념으로 전환된다.

쇼핑은 습관이다. 가는 곳만 가게 되고 편한 곳만 찾게 된다. 쇼핑할 때 가장 먼저 생각나는 브랜드가 되고 자연스럽게 열게 되는 앱이 된다는 것은 오프라인의 근접성만큼이나 중요한 요소다. 쇼

쇼핑 습관을 만드는 유료 멤버십

멤버십 혜택 Funnel 분석 – ① 로켓와우

🚀 로켓와우 Base	인지하는 혜택 (300)	전환율 인지 → 현재 이용	현재 이용하는 혜택 (300)	전환율 현재 이용 → 주 이용	주로 이용하는 혜택 (300)
[배송] 로켓배송 금액 무관 무료 배송	78.7	91.9%	72.3	47.0%	34.0
[할인] 와우회원가 상품	79.7	83.2%	66.3	29.7%	19.7
[배송] 낮 주문 새벽 도착·아침 주문 저녁 도착 도착 등 일부 상품 당일 배송 서비스 제공	67.3	83.2%	56.0	39.8%	22.3
[콘텐츠] OTT 서비스 쿠팡플레이 무료 시청	64.7	74.7%	48.3	12.5%	6.0
[배송] 로켓프레시(신선식품) 무료 배송	59.7	77.6%	46.3	15.8%	7.3
[환불·교환·AS] 로켓배송 상품 30일 내 무료 반품	56.7	65.3%	37.0	5.7%	2.1
[배송] 로켓직구 금액 무관 무료 배송	39.0	62.3%	24.3	6.8%	1.7
[할인] 골드박스 (매일 오전 7시 특가 상품 오픈)	28.3	41.3%	11.7	2.5%	0.3
[적립] 첫 30일 쿠페이 머니 결제 시 최대 5% 캐시 적립	17.3	40.5%	7.0	43.1%	3.0
[할인] 타임세일(일 5회)	23.7	29.5%	7.0	9.7%	0.7
[할인] 여행 특가 상품 추가 할인	10.0	30.0%	3.0	9.7%	0.3

핑 앱 사용자 대부분(90% 이상)이 다른 앱들을 중복해서 이용하는데 비해 쿠팡 사용자는 오직 쿠팡에서만 쇼핑한다는 고객이 많다. 2023년 발표 기준 약 34%나 된다. 그만큼 쿠팡은 쿠팡 와우 멤버십과 로켓배송을 통해 고객 록인 효과가 크다.

월마트도 마찬가지다. 월마트는 월마트 플러스 멤버십 회원이 오프라인과 온라인을 막론하고 다른 유통 채널을 이용할 필요 없이 월마트에서 모두 해결하도록 만들었다. 월마트는 아마존에 비해서 이커머스 사업 기간이 짧다. 하지만 식료품 구매 비율이 높아 구매 횟수와 연간 지출액에서는 아마존 프라임 멤버십 회원을 앞선다. 이런 고객 록인 효과는 부수적인 효과도 낳는다. 해당 앱에 익숙해지면 사용자 인터페이스가 불편하더라도 어느새 익숙해지게 되고 다른 앱들의 사용자 인터페이스를 불편하게 느끼게 된다.

또한 배송비가 무료인 서비스를 이용 중이라면 다른 서비스에서 물건을 찾아 가격을 비교하더라도 배송비 등을 고려했을 때 그 가격이 저렴해 보이지 않는다. 그래서 유료 멤버십을 통한 배송비 무료는 최저가 경쟁도 이기는 힘이 있다.

기업 측면에서 유료 멤버십의 가장 큰 장점은 유료 멤버십 자체가 수익 모델이 된다는 것이다. 유료 멤버십 회비는 고객에게 제공하는 혜택을 위한 판매관리비를 보전하기에 수익성이 개선된다. 유료 멤버십 전용 매장인 코스트코는 물건을 팔아서 돈을 남기는 것이 아니라 유료 멤버십 회비로 수익을 남긴다는 말이 있다. 그만큼 유료 멤버십은 쇼핑 여부와 상관없이 매월 정액으로 수익을 확보하는 수단이다. 그리고 고객 록인과 재구매를 유도해 점포 수익성에도 도움이 된다. 소비자는 회비를 내고 월마트 플러스를 이용하기 때문에 쉽게 이탈하지 않는다.

참고로 코스트코가 2024년 영업이익 92억 9,000만 달러에서 유료 멤버십으로 낸 수익은 48억 달러였다. 영업이익의 절반 이상이 유료 멤버십에서 나왔다. 아마존은 2024년 글로벌 영업이익 686억 달러 중 아마존 프라임 멤버십 구독료 수입이 443억 달러였다. 전체 영업이익의 64.5%에 달한다. 같은 기간 아마존 북미지역 전체 영업이익은 250억 달러다. 프라임을 제외하면 북미 사업은 적자라고 추정된다. 월마트는 2024년 북미 지역 영업이익 270억 달러에 월마트 플러스 멤버십 구독료 수입이 31억 달러였다. 오프라인 매장의 경쟁력을 알 수 있다. 회원 수가 아마존 대비 16.5% 정도임을 고려할 때 사업 안정성은 상대적으로 높다고 할 수 있다.

잘 설계된 유료 멤버십은 고객에게 최고의 혜택인 동시에 고객이 계속 자사 생태계에서 쇼핑하도록 만드는 비결이다. 도이치뱅크에 따르면 월마트 플러스는 1년 만에 회원 3,200만 명을 확보했다. 이 수치는 아마존 프라임 가입자의 약 86%에 해당한다. 월마트가 아마존에 대응해 승승장구하는 것은 옴니채널을 통해 물리적인 쇼핑을 혁신해 편의성을 제공한 것뿐만 아니라 구독형 서비스와 멤버십 등 재구매할 수밖에 없는 탄탄한 로열티 프로그램을 개발하고 고객 경험을 개선하고 있기 때문이다.

우리나라의 이마트도 이를 벤치마킹해서 6개 기업을 통합하는 신세계 유니버스 멤버십을 2023년에 출시했다. 유니버스라는 이름처럼 대대적으로 홍보했지만 사실 초반에 소비자의 기대에는 미치지 못했다는 말이 많았다. 기업 입장에서 비용이 많이 들어가는 무료 배송을 서비스 혜택에서 제외하면서 기대했던 많은 소비자를 실망시켰다. 유료 가입임에도 혜택 없는 통합 멤버십이 된 것이다.

잘 설계된 유료 멤버십은 돈을 내고 가입해야 하는 유상 서비스임에도 고객의 행동적 충성도와 감성적 충성도를 모두 높일 수 있는 디지털 마케팅 수단이다. 하지만 유료 멤버십을 만들면서 기업이익을 중심으로 설계하면 고객은 금방 알아챈다. 쇼핑에 상관없이 돈을 내고 가입하는 이유는 소비자가 더 많은 이익을 기대하기 때문이다. 그리고 기대했던 이익이 실현되면 로열티는 더 높아진다. 반대로 이익 없는 유상 서비스는 소비자가 가입할 이유가 없다.

성공 비결 10

고객 참여

: 소비자와 함께 브랜드를 만든다

'마트 크리에이터'로 고객이 수익을 창출하도록 지원한다

●●●●●

2022년 10월 월마트는 고객이 수익을 창출하도록 지원하는 '마트 크리에이터' 제도를 도입했다. 이를 위해 디지털 마케팅의 하나로 소비자가 직접 참여하는 월마트 크리에이터Walmart Creator 플랫폼을 오픈했다. 이는 아마존 어소시에이츠Amazon Associates 모델과 매우 유사하다. 월마트 크리에이터는 소비자가 월마트에서 판매하는 제품을 홍보하고 수익을 낼 수 있게 지원하는 플랫폼이다.

월마트는 크리에이터 플랫폼을 크리에이터가 소매업체에서 구매하는 제품으로 쉽게 수익을 창출할 수 있는 원스톱 포털이라고 소개했다. 또한 누구나 창작자가 될 수 있으며 쉽게 창작 활동을 하도록 필요한 도구와 자원을 제공한다고 설명했다.

크리에이터가 월마트 크리에이터 플랫폼에 등록된 수만 개 제품

월마트 크리에이터

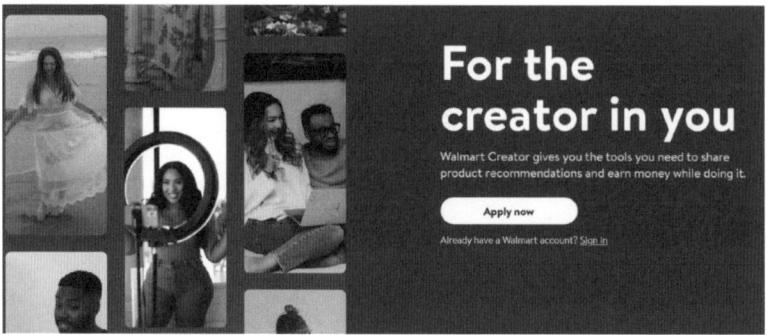

(출처: 월마트 크리에이터 페이지)

에 접속해 자신이 추천한 제품의 판매에 대해 수수료 상한선 없이 수익을 창출할 수 있다. 크리에이터가 선택한 소셜 플랫폼이나 그룹에 제품 링크를 공유하고 거기에서 발생하는 매출에 대해 제휴 수수료를 수익으로 받는다. 월마트 크리에이터 플랫폼은 크리에이터의 관심도와 친밀도를 기반으로 제품을 추천하고 제품 판매와 관련된 결과 분석 데이터를 제공한다. 크리에이터는 이런 지원을 받아 자신만의 커뮤니티와 팔로어 수를 키우게 된다.

제품 링크를 통한 추천 이외에 월마트 제품을 판매하는 스토어프론트Storefront를 열 수도 있다. 스토어프론트는 크리에이터가 선정한 상품을 모아서 보여주는 쇼핑 페이지다. 월마트는 크리에이터가 정기적으로 활동할 수 있도록 주간 뉴스레터를 발송해 좋은 상품과 링크를 추천한다. 또한 매출 현황 데이터와 팔로어 데이터도 제공해 팔로어를 확대하며 더 많은 수익을 낼 수 있게 지원한다.

월마트에서 콘텐츠, 인플루언서, 이커머스를 맡고 있는 사라 헨리Sarah Henry 부사장은 이커머스와 디지털 마케팅에 초점을 맞춘 소매업 콘퍼런스인 2023년 이테일 웨스트 팜스프링스eTail West Palm Springs에서 "영감으로부터 구매까지: 콘텐츠, 크리에이터, 그리고 소셜 커머스에 대한 월마트의 접근"이라는 주제를 다루며 콘텐츠와 구매 사이의 거리를 단축할 계획이라고 말했다. 그는 월마트 크리에이터 플랫폼에서 크리에이터를 체계적으로 교육해 육성할 것이며[1] 교육 내용은 다음 3가지라고 설명했다.

1. 고객이 시간을 보내는 곳에서 고객에게 접근하라.
2. 발견과 영감의 순간을 만들어라.
3. 구매를 위한 경로에 맞게 각 단계를 저장하라.

월마트 크리에이터 플랫폼을 활용하면 온라인 사이트와 오프라인 매장에서 고객 방문과 구매를 유도하는 한편 자신의 스토리와

제휴 링크
좋아하는 제품을 공유하고 수익을 창출하세요.

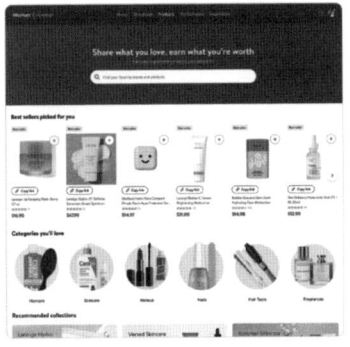

스토어프런트
나만의 스토어를 만들어 추천 제품 컬렉션을 선보이세요.

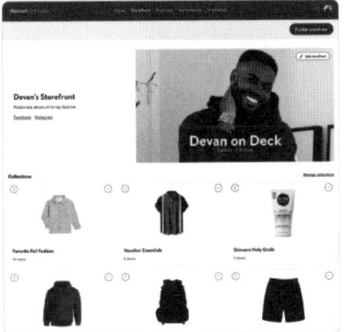

제품 추천 콘텐츠를 만들 수 있다. 이렇게 크리에이터로 성장하면서 자신의 브랜드 인지도를 구축하는 동시에 월마트로부터 제휴 수익을 내게 된다.

크리에이터＋라이브커머스는 새로운 무기가 되고 있다

●●●●●

월마트는 크리에이터가 월마트 상품을 추천하는 활동을 적극 지원한다. 2025년 8월 기준 구독자가 80만 9,000명인 월마트 유튜브 채널에는 매우 다양한 콘텐츠들이 올라온다. 크리에이터가 진행하는 라이브커머스도 그중 하나다.

하나의 예시는 데브 매코이Deb McCoy와 다넬 하비Danelle Harvey가 운영하는 인스타그램 채널(@debandanelle)과 월마트의 라이브커머스 방송이다. 2024년 1월 19일에 실시간 스트리밍으로 진행한 해당 콘텐츠의 조회 수는 2024년 6월 1일 기준으로 5,269회다. 영상 아래 게시물에는 크리에이터들이 운영하는 월마트 크리에이터 숍으로 이동하는 링크가 있다. 이들은 월마트에서 구매한 인테리어 소품을 보여주면서 왜 이 제품을 구매했고 추천하는지를 이야기한다. 이야기하는 내내 추천 제품과 함께 월마트닷컴의 제품 상세 페이지와 가격을 노출하며 구매를 자연스럽게 독려한다. 영상을 본 소비자 중 해당 제품이 필요한 사람은 게시물의 제휴 링크를 클릭해 즉시 상품을 주문할 수 있다.

월마트 유튜브 채널의 라이브커머스 방송

@debanddanelle x Walmart's Live shopping event on buywith

조회수 **5,269회** 실시간 스트리밍 시작일: 2024. 1. 19.
Watch Walmart's Live shopping event with @debanddanelle's top picks! https://buyw.it/DebandDanelle15xWM

(출처: 월마트 유튜브 채널)

주소를 클릭해 이동한 크리에이터 숍 페이지에서도 라이브커머스 방송을 보면서 바로 장바구니에 물건을 담을 수 있게 콘텐츠를 연결해 놓았다. 이 콘텐츠는 지금도 볼 수 있다. 한번 만들어진 콘텐츠의 힘이다.

이것만이 아니다. 월마트 라이브커머스 페이지(walmart.com/live)는 수많은 크리에이터의 라이브커머스 방송과 해당 제품의 구매 페이지들로 꽉 채워져 있다. 모든 숍은 방송 이후에도 구매할 수 있도록 월마트의 제품 페이지와 연결돼 있다. 크리에이터는 한번 영상을 만들면 해당 페이지를 통해 계속해서 구매를 유도하고 수

월마트 유튜브 라이브커머스 방송과 연결된 크리에이터 숍

익을 확보할 수 있다.

월마트 크리에이터 플랫폼은 아마존과 쿠팡의 제휴 파트너십 모델과 유사하다. 아마존 어소시에이츠나 쿠팡 파트너스는 모두 소비자가 제품을 추천하고 이를 통해 수익을 얻는 제휴 파트너십 타입의 모델이다. 쿠팡은 아마존을 벤치마킹해서 쿠팡 파트너스를 운영하고 있다. 이 쿠팡 파트너스 프로그램은 쿠팡이 스스로 광고하지 않아도 수많은 쿠팡 파트너스 프로그램 제휴자가 쿠팡의 제품과 이벤트를 자발적으로 홍보하도록 유도한다.

아마존의 제휴 프로그램 방식

1단계: 가입하기	2단계: 추천하기	3단계: 수익 창출하기
수만 명의 크리에이터, 게시자, 블로거와 함께 아마존 제휴 프로그램으로 수익을 창출하세요.	수백만 가지의 제품을 잠재 고객과 공유하세요. 대형 게시자, 개인 블로거, 소셜 미디어 인플루언서를 위한 맞춤형 연결 도구가 있습니다.	적격 구매 및 프로그램을 통해 최대 10%의 제휴 수수료를 받으세요. 경쟁력 있는 전환율이 수익 극대화에 도움이 됩니다.

(출처: 아마존 어소시에이츠 웹사이트)

쿠팡의 제휴 프로그램 방식

 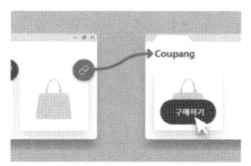 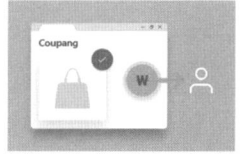

1 당신의 사이트에서 쿠팡 파트너스의 광고를 보여주세요

2 방문자가 광고를 클릭하고 쿠팡에서 구매를 합니다

3 방문자가 구매한 금액의 N%를 수익으로 지급합니다

(출처: 쿠팡 파트너스)

크리에이터가 돈을 벌면 월마트도 돈을 버는 구조다

● ● ● ● ●

제품 추천을 통해 수익을 내는 개념은 월마트 크리에이터나 아마존 어소시에이츠나 비슷하다. 하지만 월마트는 아마존을 그대로 따라 하지 않고 더 진화된 방식을 도입했다. 쇼핑 링크를 통해 제품을 추천하는 다른 서비스들과 달리 월마트는 크리에이터 숍을 만들어준다. 그리고 월마트 유튜브 채널에서 크리에이터의 라이브 커머스 방송을 실시간으로 송출한다.

쿠팡과 아마존은 제휴 프로그램은 운영하지만 활동을 도와주지는 않는다. 오히려 반대다. 너무 적극적인 활동으로 소비자의 반감을 사지 않도록 철저하게 관리한다. 두 모델은 제휴 마케팅의 접근 방식에서 차이가 크다. 아마존은 주로 개인화된 온라인 상점인 스토어프런트를 사용하는 반면 월마트는 개별 제휴 링크를 제공한다. 아마존의 스토어프런트는 인플루언서가 추천 제품을 선정할 수 있도록 한다. 반면 월마트는 제휴 링크를 통해 개별 제품을 홍보하는 데 중점을 둔다.

월마트는 크리에이터가 월마트 제품을 추천할 수 있도록 플랫폼을 지원하고 유튜브가 가진 다양한 소셜 네트워크 플랫폼을 활용해서 개인 크리에이터의 활동을 지원한다. 노출할 기회를 더 많이 제공하는 것이다. 크리에이터가 돈을 벌면 월마트도 함께 돈을 번다. 기업의 매출만을 올릴 목적의 프로그램이 아니라 소비자가 돈을 벌게 하고 월마트의 직원처럼 성장하도록 지원하는 파트너 프로그램이다.

롤스로이스의 창업자 헨리 로이스 경Sir. Henry Royce의 "최고를 선택해서 더 좋은 것으로 만들라Take the Best, Make It Better."라는 말처럼 최고의 고객 경험 프로그램을 찾아 더 나은 프로그램으로 진화시켜 고객의 수익과 월마트의 성장을 추구한다는 것이다. 이를 실천한 것이 월마트의 디지털 전환이 성공한 이유 중 하나가 됐다.

소비 시장과 광고 시장은 기업에서 개인으로 넘어가고 있다

●●●●●

소셜 네트워크의 확장으로 개인들의 사회적 영향력이 커지고 있다. 인스타그램, 틱톡, 유튜브 등 소셜 네트워크의 사용자와 사용 시간은 계속 증가하고 있다. 그만큼 소셜 네트워크를 활용하는 크리에이터 수도 급격히 증가하고 있다. 시장조사기관 마켓닷유에스market.us에 따르면 크리에이터의 글로벌 경제 시장 규모는 2024년 기준 1,430억 달러이며 2025년부터 향후 10년간 연평균 26.4%의 성장을 보일 것이라고 한다. 시장에서 북미 지역이 차지하는 규모는 501억 달러로 35.1%를 차지하고 있다. 소비 시장과 광고 시장이 기업에서 개인으로 넘어가는 트렌드는 점점 가속될 것이다. 결국 기업도 살아남고 성장하려면 크리에이터의 힘을 빌리지 않으면 안 된다.

소비자는 기업이 만든 광고나 프로모션 메시지보다 지인, 친구,

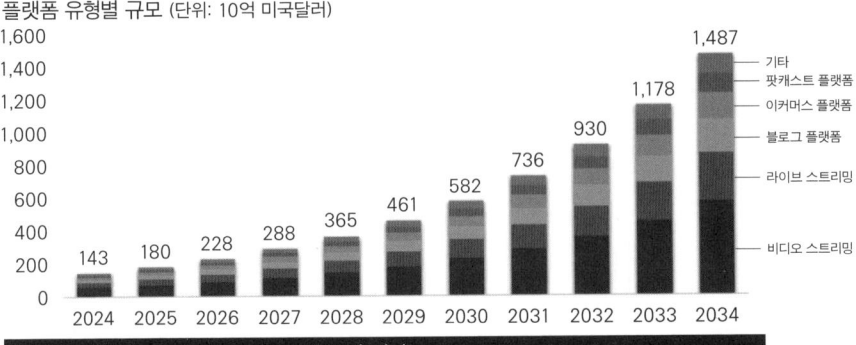

크리에이터 경제 시장(2025~2034)
플랫폼 유형별 규모 (단위: 10억 미국달러)

(출처: 구글, 마켓닷유에스)

자신이 좋아하는 크리에이터의 추천을 더 신뢰한다. 당연히 이들이 추천한 제품을 구매할 가능성도 매우 크다. 시장조사기관 닐슨에 따르면 2021년 56개국 4만 명을 대상으로 한 글로벌 광고 신뢰도 조사에서 소비자의 88%가 다른 모든 형태의 마케팅 메시지보다 지인 추천을 신뢰한다고 응답한 것으로 나타났다. 닐슨은 친구의 추천을 받으면 제품을 구매할 가능성이 77% 더 높다고 했다. 또한 마케팅 임원의 64%는 입소문이 가장 효과적인 마케팅 형태라고 믿고 있다. 맥킨지는 입소문이 모든 구매 결정의 20~50%를 차지하는 주요 요인이라고 했다. 보스턴컨설팅그룹도 입소문이 유료 광고보다 2~10배 더 효과적이라고 밝혔다.

이런 트렌드를 알아챈 월마트는 소비자 크리에이터를 적극적으로 활용하는 데 주저하지 않았다. 소비자 크리에이터가 더 쉽고 편리하게 월마트의 온라인 사이트와 오프라인 매장을 방문하거나 월마트 제품을 추천하도록 지원하고 이들의 활동이 또 하나의 수익원이 되도록 만든 것이다. 월마트 크리에이터 플랫폼을 오픈하면서 월마트 미국법인의 최고마케팅책임자CMO 윌리엄 화이트William White는 다음과 같이 언급했다.

"우리는 고객들이 매일 소셜 피드에서 자신이 좋아하는 인플루언서들이 전하는 콘텐츠와 이야기에서 영감을 얻는다는 것을 잘 알고 있다. 우리 전략의 다음 단계는 고객이 좋아하는 크리에이터를 우리 브랜드나 고객들이 월마트에서 즐겨 찾는 브랜드와 직접 연결함으로써 고객들에게 더 큰 영감을 선사하는 것이다."

월마트는 스스로를 소셜 커머스 분야의 초기 개척자라고 칭하면서 고객이 원하는 시간과 방법으로 만나 더 나은 서비스를 제공하겠다는 목표로 새로운 채널을 항상 테스트하고 학습하고 있다고 언급했다. 월마트 크리에이터 플랫폼은 또 다른 고객 쇼핑 접점을 확장하고 고객이 자신의 용어로 직접 제품에 관해 설명함으로써 고객 구매 여정을 더욱 단축하고 있다.²

월마트의 크리에이터는 자신의 활동을 통해 월마트 제품의 매출을 올려주는 역할도 하면서 동시에 월마트 채널에서 홍보하며 자신의 브랜드와 채널을 키우는 효과도 본다. 이 때문에 월마트 크리에이터 플랫폼은 소비자에게 더 큰 만족감을 준다.

월마트 매장에 새겨 있는 슬로건 '함께 더 나은 삶을Live Better, To-gether'처럼 월마트의 미션은 전 세계 사람들이 함께 월마트의 오프라인 매장과 온라인 사이트를 통해 언제 어디서나 돈을 절약하고 더 나은 삶을 살 수 있게 돕는 것이다. 매주 약 2억 5,500만 명의 고객이 미국을 포함한 20개국에서 46개 이름으로 운영되는 1만 771개의 월마트 매장을 방문한다. 월마트는 2024년 매출 6,810억 달러를 기록했고 전 세계적으로 약 210만 명의 직원을 고용하고 있다. 그리고 월마트 고객을 월마트의 홍보대사로 활동할 수 있게 했다.

월마트는 소셜 네트워크상에서 소비자의 추천이 그 무엇보다 구매 전환에 도움이 된다는 것을 알고 있다. 그래서 가장 강력한 디지털 마케팅 도구인 소비자의 추천 시스템을 도입해 소비자가 인플루언서로서 다른 소비자들의 쇼핑 경험을 돕게 했다. 월마트 외에도 맥도날드, 나이키, 어도비, 타깃 등도 인플루언서를 적극 활용하는 기업들이다.

월마트 '워킨백'의 성공은 입소문 마케팅의 전형이다

●●●●●

2024년 8월 월마트는 '워킨백'이라는 이름으로 불리게 될 가방을 출시했다. 이 제품은 에르메스의 고가 명품 버킨백과 유사한 디자인을 채택하면서도 78달러라는 파격적인 가격으로 소비자의 관심을 끌었다.

워킨백은 출시 직후 완판됐고 월마트 온라인 쇼핑몰에서는 재고

월마트 워킨백과 에르메스 버킨백

가 없어 더 이상 주문이 불가능했다. 이는 소비자의 뜨거운 반응을 바로 보여주는 사례였다.[3]

워킨백의 가장 큰 경쟁력은 가격이었다. 돈이 있어도 아무나 살수 없다는 1,000만 원이 넘는 에르메스 버킨백의 대체품으로서 78달러라는 가격은 소비자에게 너무나 매력적인 가격이다. 에르메스 브랜드처럼 겉면은 소가죽을 활용했고 안감은 합성 가죽을 사용해 원가를 낮추면서도 품질을 유지했다. 또한 버킨백과 거의 유사한 디자인은 소비자의 눈길을 사로잡았다. 에르메스는 아니지만 에르메스처럼 생긴 가방을 월마트는 '가격이 알맞은 럭셔리'라는 뜻의 '어포더블 럭셔리Affordable Luxury'라는 명칭으로 판매했다.

에르메스 버킨백은 돈이 있어도 일정 수준의 에르메스 제품 구매 기록이 없으면 구매할 수 없는 아이템이다. 그런 에르메스를 비꼬기라도 하듯 미국 전역의 월마트에서 구매할 수 있는 워킨백은 편리한 구매 과정과 저렴한 배송비로 소비자의 접근성을 높이는 데 기여했다. 이러한 배경의 워킨백은 인플루언서의 SNS 마케팅이 입소문을 타면서 폭발적인 인기로 이어졌다. 틱톡과 인스타그램 등에서 '월마트 버킨Walmart Birkin' '워킨Wirkin' 등으로 불리며 화제를 모았다.

워킨백의 성공은 MZ세대를 중심으로 가성비를 중시하는 소비 트렌드가 확산하면서 이러한 수요에 정확히 부응한 기획 상품이다. 하지만 여기에서 중요한 것은 세계적인 소매기업 월마트가 에르메스와 같은 디자인의 제품을 공식적으로 출시해 일부러 화제성을 일으키고자 했고 소비자가 이에 열광하며 품절로 대응하고 있다는 것이다. 그야말로 입소문 마케팅의 전형이다. 만약 이슈가 될 만한 제품이 아니었고 에르메스 버킨백을 따라 한 디자인이 아니었다면 워킨백보다 반값에 팔았더라도 아마 화제가 되지 않았을 것이다.

사람들이 정보를 공유하고 의견을 나누게 하는 가장 큰 원동력은 '말할 거리'를 주는 것이었다. 세계적인 명품 버킨백을 따라 한 디자인, 그런데 가격은 단돈 78달러, '월마트가 에르메스 가방 디자인을 그대로 따라 했는데 그래도 되는가?'라는 약간 논쟁이 될 만한 이슈, 그리고 그것이 품절됐다는 화제성 모두 폭발적인 입소문 마케팅을 만들어내기 충분했다.

마켓은 고객 경험에서 고객 참여로 진화하고 있다

●●●●●

필립 코틀러는 저서 『마켓 4.0』에서 이제 힘은 특별한 개인이 아니라 사회 집단이 가지고 있다고 말했다. 고객 커뮤니티는 수평적, 포용적, 사회적 힘을 기반으로 이전 어느 때보다 강력한 힘을 발휘한다. 소비자의 사회적 힘을 만들어내는 것은 인터넷과 소셜 네트워크다. 전 세계 어디에 있더라도 소비자는 24시간 내내 본인이 원한다면 연결 상태로 있을 수 있다. 어떤 정보도 얻을 수 있다.

그래서 소비자는 어떤 제품이나 브랜드를 구매할 때 더 이상 자신의 의지로 선택하지 않는다. 주변 사람들이 어떤 것을 선택했는지를 보고 따른다. 즉 본인의 선택이라 생각하는 모든 행동이 알고 보면 사회적 영향을 받은 결과다. 필립 코틀러는 이를 보고 소비자는 "자신을 지킬 성벽을 위해 사회적 모임을 이용한다."라고 표현했다.[4]

그래서 마케팅 커뮤니케이션 측면에서 더 이상 소비자는 기업의 일방적이고 수동적인 대상이 아니다. 소비자 스스로가 매우 적극적인 커뮤니케이션 미디어로 전환했다. 월마트의 크리에이터나 세포라의 커뮤니티 등은 모두 이런 적극적인 미디어로서 소비자의 활동을 장려하고 독려하는 프로그램이다. 소비자가 자신의 소셜미디어에서 자발적으로 활동할 뿐만 아니라 기업 채널에서도 자신의 생각과 의견을 나누도록 독려한다.

세포라는 커뮤니티에서 생산된 모든 콘텐츠를 자사 플랫폼에 통합해서 소셜 미디어를 운영한다. 커뮤니티의 크리에이터는 이런 활동을 통해 다른 사람들의 선택을 도우면서 자신의 영향력과 팔로어를 늘리게 된다. 기업과 크리에이터 모두에게 도움이 되는 전략이다.

사실 대부분의 기업이 인플루언서 마케팅을 한다. 인플루언서 마케팅은 전통적인 방식의 제품 간접 광고PPL, Product Placement와 마찬가지다. 제품 간접 광고는 드라마나 영화에 기업에서 협찬받은 제품을 노출하는 것이다. 한동안 유튜브에서 뒷광고에 대한 말들이 많았다. 광고비를 받고 제품을 노출하면서 광고나 협찬이 아닌 것처럼 말하는 경우가 늘어나면서 최근에는 광고와 협찬을 명확히 표시하도록 법적 규제도 생겼다. 그만큼 영향력 있는 사람의 추천과 사용 후기는 사람들에게 큰 영향력을 행사한다.

월마트의 크리에이터도 직접적인 인플루언서 마케팅의 하나로 볼 수도 있다. 하지만 다른 점은 크리에이터라는 점을 명확히 하고 활동한다는 것이다. 또 하나 중요한 점은 기업이 원하는 것을 홍보하는 것이 아니라 본인이 구입한 것, 그중에 써보니 정말 좋은 것들을 직접 선택해서 홍보한다는 것이다. 이를 통해 월마트의 크리에이터는 소셜 화폐뿐만 아니라 실질적인 수익도 낸다. 크리에이터의 콘텐츠를 통해 제품의 실물, 사용 후기, 장단점을 구체적으로 듣게 되는 소비자는 쇼핑할 때 선택의 고민을 해결한다.

소비자의 후기가 결국 소비자의 선택을 만들어내는 시대다. 커뮤니티나 크리에이터 활동을 통해 소비자가 적극적으로 기업과 브랜드의 커뮤니케이터로 활동하게 하는 것은 마켓 4.0 시대에 매우 중요한 전략이다. 기업이 소비자와 연결될 뿐만 아니라 소비자와 소비자 사이의 연결과 연대감을 만들어내고 이런 연대감은 결국 브랜드에 대한 소속감과 충성도로 전환된다.

SNS의 발달로 검색에서 탐색의 시대로 전환되고 있다

●●●●●

여성의 쇼핑은 남성이 이해하기 어려운 일 중 하나다. 여성 스스로도 모르는 다양한 쇼핑 습관이 있다. 남성의 쇼핑이 목적 지향적인 데 반해 여성의 쇼핑은 탐색 지향적이다. 사야 하는 목록이 있다고 해서 해당 품목에만 집중하는 것이 아니라 얼마든지 목적 쇼핑을 위한 길목에서 유혹하는 제품들에 관심을 기울인다. 쇼핑 시간이 오래 걸리는 이유다. 미국의 경영 컨설턴트인 톰 피터스Tom Peters는 이런 여성의 쇼핑 습관을 JC페니에서 남성과 여성이 각각 갭GAP 바지를 사는 데 걸린 쇼핑 시간과 금액을 통해 비교해 보여주었다.

여기서 소개할 두 번째 특징은 여성은 쇼핑 전에 정보를 탐색하는 것처럼 쇼핑 후에도 다시 정보를 검색하고 가격을 비교한다는 것이다. 그래서 구매를 잘했다는 확신을 얻고자 한다.

필립 코틀러는 이를 여성이 정보 수집가이기 때문이라고 설명한다. 여성은 목적에 맞는 합리적인 구매 결정을 내리고 싶어 한다.

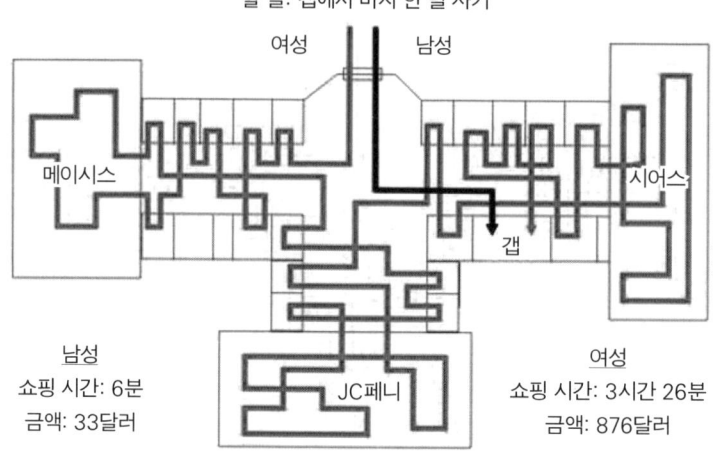

여성과 남성이 바지를 한 벌 사는 데 걸린 쇼핑 시간과 금액 비교

할 일: 갭에서 바지 한 벌 사기

여성   남성

메이시스

시어스

갭

남성
쇼핑 시간: 6분
금액: 33달러

JC페니

여성
쇼핑 시간: 3시간 26분
금액: 876달러

그래서 많은 정보를 찾아보고 결정하려고 한다. 당연히 고관여 제품의 경우 더 그렇다. 그런데 여성은 구매한 후에도 새로운 정보를 얻기 위해서 이전 구매 단계로 돌아가서 다시 한번 결정을 검토하는 나선형 과정을 거친다고 한다.

(많은) 여성은 완벽한 쇼핑을 원한다. 자신이 원하는 기능, 디자인, 크기, 가격을 만족하는 완벽한 제품, 서비스, 해결책을 원한다. 따라서 중요하다고 생각하는 모든 정보에 관심을 기울여 정보를 찾는다. 이런 점은 구매를 확정한 여성이 자신의 선택에 대해 더욱 확신하게 한다. 그러면 다른 사람들에게 더 적극적으로 추천하게 된다. 확신하게 된 구매는 브랜드 충성도에도 영향을 준다. 자신이 왜 그런 선택을 했는지 커뮤니티에서 더 적극적으로 추천한다.[5]

이런 경향은 이커머스 사이트들이 고객 후기를 모으는 데 집중하는 이유이기도 하다. 아마존이 세계 최고 온라인 상점인 이유 중 하나는 팔지 않는 물건이 없어서다. 그런데 그보다 더 중요한 이유는 바로 고객의 실제 사용 후기가 그 어느 곳보다 많아서다. 이런 후기들이 쌓여 아마존은 제품 포털 서비스가 됐다.

시장조사기관 이마케터Emarketer가 소개한 미국인의 제품 검색 트렌드에 관한 기사에서 아마존 판매자를 위한 올인원 플랫폼인 정글스카우트Jungle Scout가 조사한 2022년과 2023년의 통계자료를 볼 수 있다. 2023년 2분기 기준 미국 소비자의 약 57%가 아마존에서 온라인 쇼핑 검색을 시작한다고 하며 이는 2022년 대비 4%가 떨어진 수치라고 한다. 그다음은 검색 엔진(42%), 월마트닷컴(39%), 틱톡(17%) 순이다. 흥미로운 것은 전년에 비해서 아마존은 4%가 감소했지만 월마트닷컴은 7%가 늘어 이용자가 가장 많이 늘었음을 알 수 있다.

온라인 구매 시 고객을 가장 불안하게 만드는 것은 직접 보지 않고 구매함으로써 생기는 '불확실성'이다. 이커머스 사용자의 후기, 세포라의 커뮤니티, 월마트 크리에이터의 활동은 판매자로서 제공하는 상세 스펙 소개를 넘어선 진정한 '찐' 리뷰를 만들어낸다. 먼저 제품을 구매하고 이용한 고객이 남긴 리뷰는 다른 고객들이 제품을 구매할 수 있게 유도하고 리뷰의 도움을 받은 고객은 충분한 정보를 가지고 구매했기 때문에 구매 만족도가 높다.[6]

필립 코틀러는 연결의 시대인 마켓 4.0 시대에 소비자의 충성심은 궁극적으로 브랜드에 대한 소비자의 옹호 의사에 따라 정의된

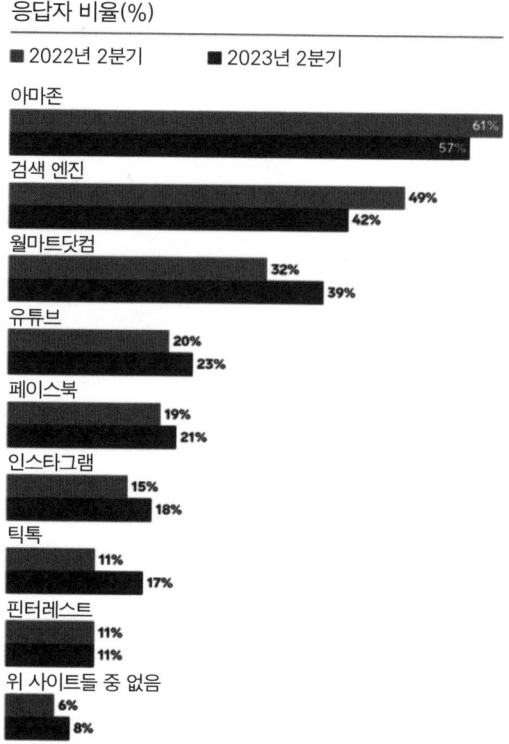

미국 소비자들이 온라인 쇼핑 시 검색을 시작하는 곳
(2022년 2분기 및 2023년 2분기)

응답자 비율(%)

■ 2022년 2분기　　■ 2023년 2분기

아마존
61%
57%

검색 엔진
49%
42%

월마트닷컴
32%
39%

유튜브
20%
23%

페이스북
19%
21%

인스타그램
15%
18%

틱톡
11%
17%

핀터레스트
11%
11%

위 사이트들 중 없음
6%
8%

(출처: 정글스카우트(2023. 6. 20.) "소비자 트렌드 리포트: 2023년 2분기", 이마케터)

다고 말했다. 소비자들이 서로 적극적으로 묻고 대답하면서 관계를 쌓아 나간다. 이는 브랜드를 이해하는 수단이 된다. 이러한 소비자들 사이의 대화가 결국은 브랜드에 대한 매력도를 강화하는 역할을 한다.

　아마존과 월마트 같은 소매 유통기업이 상품 구색과 함께 소비자의 실제 사용 후기를 확대하면서 소비자의 검색은 '포털에서 유통으로' 다시 전환되고 있다. 소셜 네트워크의 힘으로 쇼핑은 '검색의 시대에서 탐색의 시대'로 전환되고 있다. 월마트의 크리에이터는 탐색의 시대에 어울리는 월마트만의 고객 참여 방식을 창출하고 있다.

마치며

디지털 전환과 인공지능 전환도 결국 고객 관점이 답이다

2024년과 2025년 국제전자제품박람회CES 현장에 대기업 총수들과 CEO들이 나타나 이제 인공지능 전환에 총력을 기울이겠다고 선언했다. 그 이후 대부분 기업이 인공지능 관련 기술과 교육에 투자를 집중하고 있다는 소식이 들린다.

2007년 아이폰 출시 이후 2010년대부터 모바일 중심의 세상이 되었을 때도 모두 모바일 퍼스트Mobile First를 외쳤고 디지털 전환과 데이터에 집중했다. 하지만 그 결과는 어떤가? 금융은 토스와 카카오뱅크, 증권은 키움증권의 영웅문, 커머스는 쿠팡이 소비자의 행동과 시장을 장악해가고 있다.

국내 커머스 시장은 "쿠팡과 쿠팡이 아닌 기업들로 양분된다."라고 말해도 과언이 아니다. 쿠팡의 모회사인 미국 쿠팡은 2024년 매출 41조 2,901억 원(302억 6,800만 달러)을 기록했다. 이 금액은 2024년 국내 백화점 전체 소매 판매액(40조 6,595억 원)과 대형마트 전체 판매액(37조 1,779억 원)을 훌쩍 넘어선 매출이다.[1] 국내 전통적인 소매 대기업들은 쿠팡 앞에서 기업 가치와 수익성을 계속 잃어가고 있다.

사실 우리나라 대기업들은 이미 2010년대 초중반부터 모바일로의 전환에 대한 위기의식을 느끼고 디지털 전환과 혁신을 위한 노력을 해왔다. 하지만 대부분의 혁신이 기술 도입과 시스템 구축 중심으로 추진되면서 고객들에게 외면당했다. 그리고 작게 시작했지만 탄탄한 소수의 팬에서 시작해 비즈니스 모델을 탄탄하게 키워온 디지털 네이티브 기업들이 각 산업에서 자신만의 견고한 지위를 확보하게 되었다.

더 많은 자본, 더 많은 인재, 더 긴 역사를 가진 대기업이 왜 디지털 네이티브 스타트업에 주도권을 내준 것일까? 막대한 예산과 시간을 투입하고도 왜 고객에게 외면당했을까? 어떻게 해야 진정한 디지털 전환과 인공지능 전환에 성공할 수 있을까?

그 해답은 미국의 전통적인 오프라인 소매기업들이 아마존에 의해 추락하는 가운데서도 디지털 전환에 성공하고 인공지능으로 거듭나고 있는 미국 월마트로부터 배울 수 있다. 전 세계 최고 이커머스 기업 아마존의 거센 성장 앞에서 누구나 곧 무너질 것으로 생각했던 오프라인의 공룡 월마트는 달랐다. 월마트의 혁신은 기술이 아니라 고객 관점에서 출발한 혁신이다. 아마존과 이커머스 혁명에 의해 변화된 고객의 쇼핑 행동에 대응하며 매장을 물류 허브로, 점포를 옴니채널 혁신의 전진기지로 전환했다. 오프라인의 한계를 새로운 경쟁력으로 바꿔낸 것이다.

영어 표현인 디지털 트랜스포메이션Digital Trasnformation과 에이아이 트랜스포메이션AI Transformation의 '트랜스포메이션Transformation'은 '변혁'을 요구한다. 변혁은 뿌리부터 바뀌어야 한다. 비즈니스 모델의 근간은 '고객'이다. 기술의 변화가 고객의 구매 행동을 바꿔 놓고 있다. 기업이 이에 대응하기 위해 스스로 변혁하려면 고객 가치 제안부터 자원 배분, 프로세스 혁신, 수익 방정식까지 모두 재정의해야 한다. 조직 문화, 각 조직과 자산의 역할, 업무 프로세스와 우선순위가 근본부터 바뀌어야 함은 말할 것도 없다.

그렇기에 절대 쉽지 않고 긴 시간이 필요하며 무엇보다 끝까지 밀고 나갈 CEO의 의지와 리더십이 필요하다. 월마트는 그 지난한 여정을 거쳐서 결국 해냈다. 따라서 월마트의 성공 요인을 제대로 분석한다면 지금 인공지능과 글로벌 산업 재편의 갈림길에 선 우리나라 기업들도 생생한 가르침과 인사이트를 얻을 수 있을 것이다.

디지털 전환과 인공지능 전환의 성패는 결국 소비자들의 시간과 지갑을 점유하는 기업으로 만들 수 있느냐의 싸움이다. 즉 점점 더 많은 소비자의 시간과 관심을 독점하는 플랫폼 기업들이 제공하지 못하는 우리 기업만의 차별화된 가치 제안을 어떻게 만들어낼 것인지에 달려 있다. 생존의 문제다. 미래 기업으로 확실하게 체질을 개선하려면 데이터와 인공지능을 활용한 고객 경험 혁신과 프로세스 혁신을 반드시 이뤄내야만 한다.

| 주 |

〔성공 비결 1〕 적응형 리테일: 기술과 인간의 조화로 진화하다

1. 윤은영, (2024. 2. 21.), [Strategy] 월마트의 미래 비전 '적응형 소매업', 리테일톡, https://retailtalk.co.kr/Strategy/?bmode=view&idx=18104028

2. 허대식, (2025. 11. 26.), [허대식 교수의 비즈니스 이노베이션] AI 전환에 진심인 월마트…"유행이 아닌 핵심 사업전략", 매일경제, https://www.mk.co.kr/news/business/11477690

3. 최광민, (2024. 11. 1.), 월마트 생성 AI 쇼핑 도우미로 '맞춤형 쇼핑 시대' 연다. 연말 쇼핑객 사로잡기 총력, 인공지능신문.

4. 이선희·김시균, (2024. 11. 24.), AI, 드론 집중 투자…월마트 혁신, 실적으로 돌아왔다, 매일경제.

〔성공 비결 2〕 데이터와 인공지능: 디지털 전환의 엔진이다

1. Nvidia Korea, (2019. 7. 18.), NVIDIA, Walmart와 함께 소매업 패러다임 변화 나섰다, https://blogs.nvidia.co.kr/blog/walmart-nvidia/

2. Nvidia Korea, (2019. 7. 18.), NVIDIA, Walmart와 함께 소매업 패러다임 변화 나섰다, https://blogs.nvidia.co.kr/blog/walmart-nvidia/

3. 오춘호, (2021. 3. 4.), 월마트 '토탈 AI'…유통판 뒤집다, 한경닷컴.

4. 오춘호, (2021. 3. 4.), 월마트 '토탈 AI'…유통판 뒤집다, 한경닷컴.

5   비즈인사이트 (2013. 12.), 기술 기반의 유통혁신 1. 기술혁신으로 신 성장 동력 찾은 월마트, https://www.retailing.co.kr/article/a_view.php?art_idx=1186

6. Browman, J., (2017. 10. 3.), 1 Year Later, Wal-Mart's Jet.comAcquisition Is an Undeniable Success, The Motley Fool, https://www.fool.com/investing/2017/10/03/1-year-later-wal-marts-jetcomacquisition-is-an-un.aspx

7. 재고관리단위(SKU, Stock Keeping Unit)는 제품이 보관되는 최소 단위를 말한다.

8. Porter, M. E. & Miller V., (1987), How Information Gives You Competitive Advantage, Harvard Business Review, 1985 July.

9. Wessel, M., (2017. 12. 1.), The New Leadership Imperative: Embracing Digital Transformation, Rotman Management Magazine.

〔성공 비결 3〕 플랫폼 비즈니스: 광고와 데이터로 수익을 창출하다

1. 이준원, (2022), 리테일 미디어의 시대, 디지털 광고의 옷을 입는 유통 경쟁, 한국외국어대학교 미디어커뮤니케이션 연구소.

2. 이준원, (2022), 리테일 미디어의 시대, 디지털 광고의 옷을 입는 유통 경쟁, 한국외국어대학교 미디어커뮤니케이션 연구소.

3. 이준원, (2022), 리테일 미디어의 시대, 디지털 광고의 옷을 입는 유통 경쟁, 한국외국어대학교 미디어커뮤니케이션 연구소.

4. 윤은영, (2023. 8. 16.), 월마트가 매장 밖에서 수익을 만드는 5가지 방법, 리테일톡.

5. Kavadias, S., Ladas, K., Loch & C. H., (2019), The Transformative Business Model, 하버드 머스트 리드: 비즈니스 모델 혁신, 210~122.

〔성공 비결 4〕 리더십: CEO, 현장에서 변화를 이끌다

1. 김신회, (2015. 6. 22.), 월마트는 혁신 중…디지털시대 생존 전략은?, 머니투데이.

2. 윤은영, (2024. 2. 21.), 월마트의 미래 비전 '적응형 소매업', 리테일톡.

3. 혁신가의 딜레마는 시장을 선도하는 거대 기업이 어느 시점에 더 이상 혁신을 이뤄내지 못하고 후발 기업이나 기술 기업에 의해 시장 지배력을 상실하는 현상을 말한다.

4. 이숙영, (2021. 12. 9.), AI 기업으로 변화 이끄는 더그 맥밀런 월마트 CEO, 인사이트코리아.

〔성공 비결 5〕 일하는 방식 혁신: 민첩성과 유연성을 문화로 만든다

1. 김신회, (2015. 6. 22.), 월마트는 혁신 중⋯디지털시대 생존 전략은?, 머니투데이.

2. 김신회, (2015. 6. 22.), 월마트는 혁신 중⋯디지털시대 생존 전략은?, 머니투데이.

3. 윤미정, 2020, 빅데이터는 어떻게 마케팅의 무기가 되는가, 클라우드나인.

4. Aronowitz, S., De Smet, A. & McGinty, D., (2015.6.), Getting organizational redesign right, McKinsey Quarterly, https://www.mckinsey.com/capabilities/people-and-organizational-performance/our-insights/getting-organizational-redesign-right

5. Pisano, G. P., (2015. 6.), You Need an Innovation Strategy, Harvard Business Review, https://hbr.org/2015/06/you-need-an-innovationstrategy

〔성공 비결 6〕 옴니채널: 강점을 살려 변신한다

1. 라스트마일(Lsat Mile)은 상품이 최종 목적지, 즉 고객에게 전달되는 배송 과정의 마지막 단계를 의미하는 용어로 단순히 거리의 의미가 아니라 물류 네트워크의 마지막 구간을 의미한다.

2. 김주동, (2019. 10. 17.), 새벽 문 앞 배송? "냉장고에 넣어두고 갑니다", 머니투데이.

3. 김주동, (2019. 10. 17.), 새벽 문 앞 배송? "냉장고에 넣어두고 갑니다", 머니투데이.

4. 최종석, (2020. 5. 29.), 아마존보다 월마트가 장사 더 잘했다⋯ 비결은 '온라인 주문 후 매장 픽업', 조선일보.

5. 지구촌 리포트. (2020. 6.), 미국, 코로나19로 인한 온라인 시장 성장세, 지구촌 리포트, Vol 98.

6. 이지현, (2021. 1. 5.), 월마트, '난공불락' 아마존의 아성에 반격 시작, 물류신문.

〔성공 비결 7〕하이브리드 매장: 점포와 직원의 역할이 바뀐다

1. Daphne Howland, (2016), Moody's: Wal-Mart, Best Buy proving brick-and-mortar can thrive in e-commerce, Retaildive, 2016. 9. 16

〔성공 비결 8〕배송 혁신: 속도와 신뢰를 무기로 한다

1. 김주동, (2019. 10. 17.), 새벽 문 앞 배송? "냉장고에 넣어두고 갑니다", 머니투데이.

2. 양지혜, (2022. 1. 5.), 월마트, 인 홈 딜리버리 서비스 3천만 가구까지 확대, 글로벌이코노믹(g-enew.com)

3. 이지현, (2021. 1. 5.), 월마트, '난공불락' 아마존의 아성에 반격 시작, 물류신문.

4. Vitasek, K., Bayliss, J., Owen, L., Srivastava, N. (2022). 블록체인으로 공급망 문제 해결한 월마트, 하버드비즈니스리뷰(HBR).

〔성공 비결 9〕고객 록인: 유료 멤버십으로 충성도를 높인다

1. 컨슈머인사이트, (2025), 2024년 하반기 이동통신 기획조사(조사기간 10월 4일~11월 3일).

2. 오픈서베이, (2025. 2.), 온라인 식료품 구매 트렌드 리포트 0225.

〔성공 비결 10〕고객 참여: 소비자와 함께 브랜드를 만든다

1. Waldron, P. V., (2013. 3. 14.), Walmart builds a platform to connect creators, content and social commerce, RetailWire.

2. Walmart, (2022. 10. 18.), Walmart Launches New Content Creator Platform, https://corporate.walmart.com/news/2022/10/18/walmart-launches-new-content-creator-platform

3. 김민주, (2025), 에르메스 버킨백 대신 월마트 '워킨백' 드는 미국 MZ, 매거진한경

4. 필립 코틀러·허마원 카타자야·이완 세티아완, (2017), 마켓 4.0, 더퀘스트.

5. 필립 코틀러·허마원 카타자야·이완 세티아완, (2017), 마켓 4.0, 더퀘스트.

6. 윤미정, (2020), 빅데이터는 어떻게 마케팅의 무기가 되는가, 클라우드나인.

마치며

1. 석남준, (2025. 2. 26.), 쿠팡, 작년 첫 매출 40조원 돌파...국내 백화점, 마트 매출 넘었다, 조선일보, https://www.chosun.com/economy/market_trend/2025/02/26/PCMWXP2OUNB4XIYJK4FPPP5DKE/

아마존을 넘어서다
오프라인 황제 월마트의 AX DX 전략 바이블

초판 1쇄 인쇄 2026년 1월 23일
초판 1쇄 발행 2026년 1월 30일

지은이 윤미정 손대홍
펴낸이 안현주

기획 류재운 **편집** 안선영 김재훈 **브랜드마케팅** 이민규 **영업** 안현영
디자인 표지 정태성 본문 장덕종

펴낸 곳 클라우드나인   **출판등록** 2013년 12월 12일(제2013-101호)
주소 우) 03993 서울시 마포구 월드컵북로 4길 82(동교동) 신흥빌딩 3층
전화 02 - 332 - 8939   **팩스** 02 - 6008 - 8938
이메일 c9book@naver.com

값 20,000원
ISBN 979 - 11 - 94534 - 57 - 0 03320

* 클라우드나인에서는 독자여러분의 원고를 기다리고 있습니다.
  출간을 원하는 분은 원고를 bookmuseum@naver.com으로 보내주세요.

* 클라우드나인은 구름 중 가장 높은 구름인 9번 구름을 뜻합니다. 새들이 깃털로 하늘을 나는 것처럼 인간은 깃펜으로 쓴 글자에 의해 천상에 오를 것입니다.